水漾振声

南宁扬美古镇

陈纸　著

漓江出版社

·桂林·

图书在版编目（CIP）数据

水漾振声：南宁扬美古镇 / 陈纸著．-- 桂林：漓江出版社，2025. 3. --（广西村落文化丛书）. -- ISBN 978-7-5801-0212-6

Ⅰ. K296.75

中国国家版本馆 CIP 数据核字第 2025W9A598 号

水漾振声——南宁扬美古镇

SHUIYANGZHENSHENG——NANNING YANGMEI GUZHEN

作　　者　陈　纸

出 版 人　梁　志
项目统筹　何　伟
特约编审　宋安群
特约组稿　廖明君　庞　白　胡小安
项目协调　霍　丽　黄　圆　吴　桦
责任编辑　吴　桦
助理编辑　兰昕悦
装帧设计　周泽云　曾　意
营销编辑　陈　睿　于媛媛　俞方远
责任监印　杨　东

出版发行　漓江出版社有限公司
社　　址　广西桂林市南环路 22 号
邮　　编　541002
发行电话　010-85891290　0773-2582200
邮购热线　0773-2582200
网　　址　www.lijiangbooks.com
微信公众号　lijiangpress

印　　制　广西民族印刷包装集团有限公司
开　　本　880 mm × 1230 mm　1/32
印　　张　6.5　插页 1 页
字　　数　125 千字
版　　次　2025 年 3 月第 1 版
印　　次　2025 年 3 月第 1 次印刷
书　　号　ISBN 978-7-5801-0212-6
定　　价　38.00 元

水是扬美生命的语言，

水体反射古镇的灵魂，

述说着那里的过往与未来……

陈纸

扬美古镇示意图

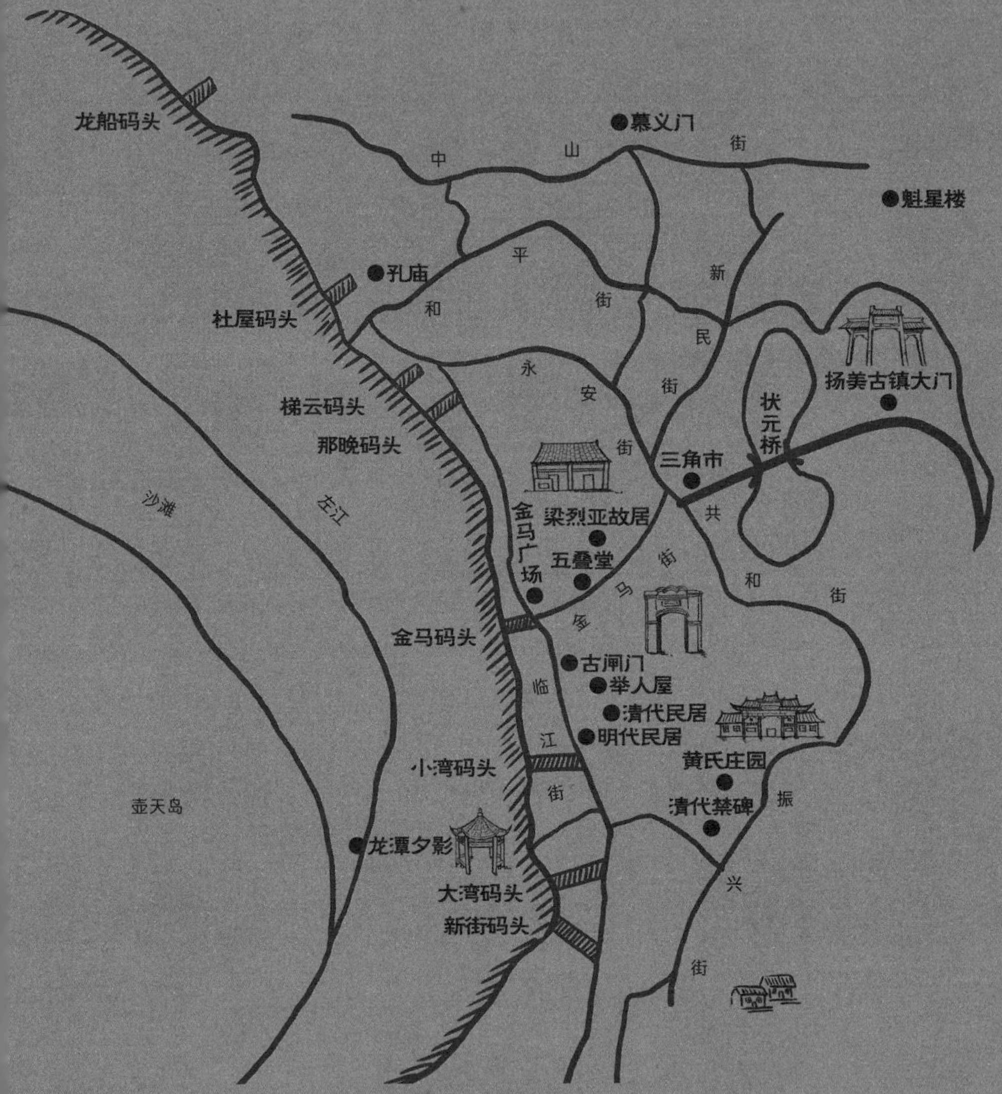

黄璐霜／绘

扬美小传

扬美古镇，位于南宁市西南部，距离市区36公里，方圆6.5平方公里，全镇约有5300人。古镇始建于宋代，繁荣于明末清初。自建镇到民国年间，一直是近百公里范围内的商品集散地，繁荣一时，素有“小南宁”之称。

扬美古镇以古镇、老街、碧水、金滩、奇石、怪树著称，是辛亥革命党人黄兴、梁烈亚进行革命活动的根据地。现有260处明清及民国时期的古建筑，青坡怀古、剑插清泉、雷峰积翠、龙潭夕影等景点享有盛名。

2010年，扬美古镇获得“中国历史文化名村”称号；2012年，入选首批中国传统村落名录；2015年，获评国家AAA级旅游景区；2016年，入选“全国最美古村落”榜单；2023年，获得首批“广西生态特色文化旅游示范村”称号。

总 序

广西壮族自治区地域广阔，山海相望，河流纵横。在这片南疆大地上，各族人民融洽相处、团结一致、积极用世，共同建设栖居之地和精神家园，形成诸多迄今为止仍全部保留或部分保留着农耕文明基因的村寨及乡镇。以农民为主体的乡土文化，与精英文化、市井文化长期互相依存，在孕育各具形态的社会生活的同时，各美其美，互相映耀，成为建构光辉灿烂的中华文化的丰富资源，承载着国人共同的历史记忆。逢此盛世，包括少数民族文化在内的乡村文化，劲挺焕发出蓬勃的朝气和活力，与城市化的进程同步，在继承往日传统的基础上，依据自身当下的条件，不息创设着具有自己特色的文化生活，呈现出生机勃勃和丰富多彩的文化事象。

在广西壮族自治区党委的领导下，经过多年努力，包括传统民居在内的广西大量历史建筑得到较好保护，形成了规模较大、内容和价值较丰富、活态传承的农耕文明遗产保护群。截至2024年，广西入选国家级、自治区（省）级“传统村落”“历史文化名镇名村”“少数民族特色村寨”“美丽休闲乡村”等名录的村落，合计超过800个（次）。这些具有地域特点、民族特色的乡土村落，是广西优秀文化的一部分，是中华民族共同体的瑰宝，是值得继续传承、有待不断开发的物质资源和精神资源。

习近平总书记先后指出，“乡村文明是中华民族文明史的主体，村庄是这种文明的载体”，“乡村振兴，既要塑形，也要铸魂”。重塑乡土文化，建设乡村精神家园，筑牢乡村振兴之根，确保乡村社会的持续稳定发展，既有重要意义，也是现实需要。

为贯彻落实党的二十大精神和习近平文化思想，广西壮族自治区党委宣传部指导策划，广西出版传媒集团组织漓江出版社的编创团队出版“广西村落文化丛书”，重点对广西村落的发展历史、建筑风貌、民居样态、民众生产生活方式、文化艺术结晶和民族地域特色等进行系统梳理，挖掘、整理蕴含在村落中的最具感染力、传播力的文化元素。本丛书被列入广西优秀传统文化出版工程，以区内20个秉具特色的村落为载体，书写中华文明史上的广西篇章、广西故事。

“广西村落文化丛书”推出的村落，基本上是迄今为止仍全部保留或部分保留着农耕文明基因的村寨或乡镇。所谓特色，指承载有乡土文明、地理特点、民族特性、历史意义，以及物质、社会和精神文化优秀传统的特征。这些特征涵盖了历史、政治、经济、教育、文化、自然、地理等方面，以及与此相关的发展脉络、山水风光、村落景象、公共设施、历史人物，乃至具体的商埠、街巷、建筑、物产、民俗、节庆、歌谣、饮食、服饰等，对它们的书写都是挖掘“村落文化”的题中应有之义。不同地域的物产资源与气候条件，决定着不同地域适宜人居的村落形制；不同的民族村落，又折射出不同民族的文化精神与审美情趣。

本丛书遴选的村落，覆盖广西14个设区市，涵括广西的四大古镇，包含汉、壮、侗、苗、瑶等多个民族特色村寨，选入少量独具广西特色的仫佬族、毛南族、京族村落，同时兼顾文旅基础好、广西文旅部门重点打造的村落。为踏实求真地完成这套丛书，作者们大量查阅典籍、方志，多次实地调研、访谈，多以“准史志”的严谨文字来写作，偶有散文笔调的呈示，也意在使史实的叙事轻快鲜活，为读者理解文本而创设情境。诚然，20个村落的丛书叙事难说全方位地反映了广西村落文化面貌，但由于每个村落都是一个“小世界”，其形貌、特性各有不同，故一定程度上仍可说，丛书不啻是广西异彩纷呈的地域文化和民族村落特色的缩影。因之，这些村落就不只是某个市县的地理乡镇，也不只是某个作者个体视角的村落印象，而是基于现实的记史、纪实的乡土影像，是包含了地理环境、历史脉络、文化积累和当下关注的宏大画卷。

本丛书兼顾历史性和当下现实关怀，既溯及村落们的过往，也描绘其当今的发展状况，蕴含着浓烈的时代精神，呼应了习近平总书记关于乡村振兴的战略思想。广西广大农村的各族群众长期居于乡村，他们热爱乡村、建设乡村，乡间一切物质与精神的积淀，更是注入民众血肉和灵魂的所在。凡是能够世代流传直至今日的良好的村落文化事象，必然是符合民意民情、具有强劲生命活力的，其赓续的功效，无疑地，既体现在精神层面，也体现在物质层面。新时代乡村的建设者，或可从中收获宝贵而又可靠的经验。

目录

前言

前两次去扬美古镇，只任由脚步随采风团左折右拐地在小巷老街游走，记不得去了哪些具体地方，也叫不出什么地名。但古老的街巷、斑驳的屋墙、陈旧的宅院、精致的窗棂、幽深的庭院……置身其间，只觉得时光空旷得有些寂然，一股悠远宁和的气息携着青花瓷般的味道，缓缓逼近鼻息，这般复杂，又深刻感动。

第一次深刻地走进扬美古镇，是在一部书里。书的名字叫《财富与他者》，这部书还有一个副标题——“一个古镇的商品交换与族群关系”。跟着阅读的记忆，来到这座建于宋代的千年古镇。我知道了，这里三面环江，水陆交通方便，因水运之便而兴起；后狄青平蛮，各方人士前来，逐渐发展；到了清代，这里一片繁华；清末民初，是当地有名的繁华商埠……

从军事据点到商埠，再到村落的历史进程中……我试图找寻到扬美古镇人与书中叙述的商品交换的社会基础和“独善其身”的财富观念。

循着历史的脉络，我开始认真地走。在共和街、在梁家巷、在状元桥、在金马码头、在大湾码头、在临江街、在举人屋、在黄氏庄园、在梁烈亚故居、在五叠堂、在魁星楼、在孔庙、在慕义门、在三界庙……我被时光牵引，走遍了这座在 6.5 平方公里的面积里融入了近 400 幢古建筑的古村落，我有了一种想重新认识它的渴望。

过去的古镇豪贾巨商云集、地灵人杰、民风古朴、崇文尚德，其良好的人文氛围、靓丽的文化风景，在今天被融入韵味悠远的环境里，我不禁称羡古镇文明的延续。加上梁植堂与他儿子梁烈亚一直追随孙中山先生，他们积极投身抗日战争和新民主主义革命，成就了一段为世人所敬仰的佳话，这又为古镇增了一段热血时光。这些被尘封在扬美古镇的尘埃里，镌刻在历史簿里，100 多年以后，枕着觉醒年代的梦行走，那一声声振臂的高喊，犹在耳畔。

还有，这里商业的喧嚣，商贩的吆喝，和着“扬美三宝”梅菜、豆豉、沙糕的芳香，让我好像忘记了时间，也仿佛悟出这座古镇虽然声名远扬，却仍余韵犹存、从容淡定的奥秘。

冥冥之中，好像与它有不浅的缘分。很少有一座古镇，我先后去过六七次，又好像注定是要还情债似的，直到答应为它写一本书——我视为为它写一部传记。

于是，我又一次次地打量与体会扬美古镇。我想了又想，决定以江、以水为载体，默默地注视着历史的长河流过它的身旁，时而湍急、时而缓和，兴衰跌宕间，我重寻这座古镇的似水流年与前世今生。

左江，不但哺育了邕江，也哺育着江岸边上的扬美古镇的人们。每每登高极目远眺，左江的辽阔和清澈，如巨龙一般蜿蜒流淌，沐浴着耀眼的阳光。特别是黄昏时，层层叠叠的粼粼波光，好似龙鳞闪耀。

我便愈加相信：如果没有水，扬美古镇的颜色会失去饱和，声音会失去回响，一切似乎都将陷入一片沉寂之中。在扬美古镇，水，带有一种隐秘的力量，有对过去的追忆，也孕育着崭新的未来。它静静地流淌，仿佛能够穿越时间的长河，将昨日的风华与今日的静谧紧密相连。

在这里，水不仅仅是财富景观，它更是一种精神的寄托，一种文化的延续。那些蜿蜒流过古镇的水道，不仅滋润了这片土地，也悄然改变了时间的流速，在每一个晨曦与夕阳中，都能感受到扬美古镇与众不同的历史质感与生命力。

放慢脚步，并沉静下来，拨开厚厚的尘埃和层层的碎叶，我们才能真正看清：如水的岁月为古镇的人们带来了什么，更重要的是，最终为他们留下了什么。

当世界其他角落的古镇为了迎合现代化的步伐而大幅度改造时，扬美古镇却以一种温婉而坚定的姿态，借助水的力量，保留了自己的本色。

烟波浩渺，水流无声，时间好像忘记了这里。且随我，来到这座古镇，以水的情怀、水的姿态、水的流向，参悟它的古朴模样……

地域概览

▼古镇依水立，岁月韵悠长。

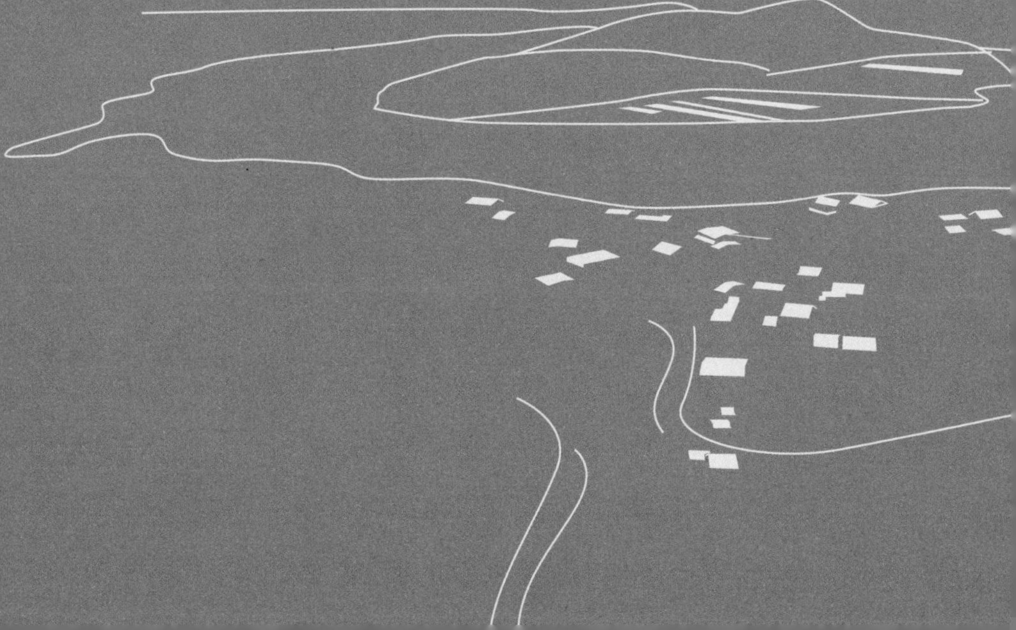

初识，波光中的相遇

天地玄黄，宇宙洪荒。这里，水漾千年，香火相传；这里，商贾云集，古韵振声，这里名曰扬美。

从地图上看，扬美古镇位于广西壮族自治区首府南宁市的西南部，隶属南宁市江南区江西镇辖区，在左江下游，地处北纬 22° 51′ 50″，东经 108° 04′ 00″。第一次去那里，是跟着一位旅人的足迹。他的脚下都是水，连绵不绝的水，源源不断的水。

这里的水组成了“海上丝绸之路”重要的部分——西江古水道，水的古道还衔接了“陆上丝绸之路”与茶马古道。扬美古镇是水陆两条古道连接的重要门户。

明崇祯十年（1637 年），西江古水道也像今天这么长。那条水道，长到从闰四月初七开始，让好读奇书、博览群书却科举不第的著名旅行家徐霞客开始游历名山大川，他一直在寻找，在寻找他梦中的仙境。他越过楚越之界，进入了桂北，先后游历了桂林、柳州、郁林和贵县。至八月十四日，徐霞客终于摸到了西江的水波，他由贵县溯江而上，入横州境；十五日，抵横州泊舟入城游览；十七日，离开横州；十九日，过火烟驿入永淳界，他的孤舟泊于永淳南门河面；二十日，他溯江过六景、伶俐入宣化县境；二十二日晚，泊于南宁亭子渡口入南宁城，一直到九月二十一日，他在南宁足足停留了一个月。九月二十六日，他重新出发，乘舟溯左江至新宁城，继续西行考察，他的足迹踏水至崇左江州、天等、大新等地。十二月十九日，从隆安县返回南宁。

其间，徐霞客曾写过旅行日记多篇。在他的笔下，有“千峰万岫，攒簇无余隙”的峰丛地貌，有“离立献奇，联翩角胜”的峰林地貌，有“土石间出，土山迤逦间，忽石峰数十，挺立成队”的残峰丘陵地貌，还有“石山点点，青若缀螺”的溶蚀平原。

但有一个地方，在他看来却是“别有天地”。他第一次见到扬美时说：“自南宁来……过右江（入左江），岸山始露石；至杨美，江石始露奇……余谓阳朔山峭濒江，无此岸之石，建溪水激多石，无此石之奇。”那时的徐霞客，从南宁乘船上左江，时值初秋气爽，凭船临风，清波荡漾。他沿南宁母亲河邕江逆流而上，在左江之侧，认识了被称为“小南宁”的扬美古镇。

在左江的“顺流”“逆流”的往返中，徐霞客还有两次描绘了扬美古镇。明崇祯十年（1637 年）八月二十二日，徐霞客与好友静闻禅师经邕江抵达南宁青秀山，当晚泊于亭子渡，二十五日到扬美。徐霞客在《徐霞客游记》“粤西游日记三·丁丑·九月”记载：“二十五日　鸡再鸣，发舟西向行。曲折转西南十五里，复见有突涯之石，已而舟转南向，遂转而东。二里，上长滩，有突崖飞石，娉立江北岸。崖前沙亘中流，江分左右环之，舟俱可溯流上。又三里，为杨美，亦名大湾，盖江流之曲，南自杨美，北至宋村，为两大转云……”

明崇祯十年十二月，徐霞客在雨中踏上回程，二过扬美，在他笔下，又是另一番景致：“初八日……又二里而至大滩，有数家之聚在江西岸，始降栏宅土，有平居矣。即旧之大滩驿也，万历初已移于宋村。江中有石横截下流，滩声轰轰，闻二三里，大滩之名以此。右江至此始闻声也。换夫缚舆，遂从村东东南逾岭，三里，逾岭南，则左江自杨美下流东北曲而下，至此折而东南去。遂从江北岸随流东行，二里，复入山脊，雨复纷纷。上下冈陀间又二里，换夫于平凤村。又东行二里半，至宋村，即来时左、右二江夹而合处，其南面临江，即所谓大果湾也……”文中提到的“平凤村”，即今扬美村下辖的平凤坡。

在徐霞客眼前，扬美村沿江的喀斯特地貌发育完全，且多奇石怪岩。如今，仍有一些奇石静卧于扬美段的左江岸边，如狮子石、大象吸水石、鸳鸯石、卧江神龙石、神蟾石、人马石等，奇石林立，千姿百态，令人叹服。

扬美人在左江岸边的留阳坡上修建了留阳亭。留阳亭两层，四角四檐，碧瓦翘檐，雕梁画栋。檐角的麒麟、神龙、仙鹤、飞凤，形态各异，栩栩如生。亭中的墙壁上，还镌刻着徐霞客当年赞美扬美的文字。

诚然，徐霞客当年走的是水路。据史料记载，他并没下船登上扬美，要不，这座始建于宋代，繁荣于明代，有“小南宁”之称的古镇，在他的游记里肯定会留下更为浓墨重彩的痕迹。不过，这倒让扬美当地的诗人杨翰燃抢了风头。杨翰燃眼前的扬美古镇，在鼎盛之时，商贾不绝，众船争泊。他见到此景，提笔感慨：“大船尾接小船头，南腔北调语不休。入夜帆灯千万点，满江钰闪似星浮。”这样的诗句，如果让徐霞客读了，不知他会不会后悔当初已至此，却没上岸游历呢？

从南宁出发，如果走陆路去扬美，30 多公里的路程，不到一个小时即可到达。进入古镇，环视四周，一边古树参天，翠竹成林，清荷飘香；另一边，江水青青，浩渺无际，青石码头，厚实凝重，江滩青苔，柔软盎然。

来到扬美古镇，这里既有饱经岁月风雨冲刷的古楼、古宅、古碑、古亭、古码头和古石板路，又有徐霞客流连过的江畔古石和侬智高、狄青各率大军呼啸而过的古河口，这一切，似乎在默默诉说着薪火相传的古老传奇。

“八街一坡”的前世今生

扬美，在南宁。南宁，原名邕州，自古称为百越之地。自建置伊始，扬美就在南宁辖区之内。1700 年来，扬美

鸟瞰扬美村　尹庆南／摄

一直与南宁紧紧连在一起。

据今扬美古镇杜、梁、杨、黄等家族的宗谱记载，扬美人的祖先为宋代军人。宋皇祐四年（1052 年），狄青南下，至邕镇压侬智高反宋武装，留戍于此，成了最早一批居住在那里的人。随后，其他姓氏的军人陆续增援而至。

战事停罢，驻守在那里的宋代军人解甲归田，驻地为民，永久落户于此，其中，以山东青州白马苑人氏居多。再后来，越来越多的人居住于此，此地便逐渐演变成村落。

扬美村当地文人杨翰燃的手抄本《扬美古镇历史》一书中记载，扬美始建于宋朝，最先的住民见此地依山傍水，灌木丛生，尤以一种叫“小金樱”的花开最盛。小金樱开花时，犹如白雪飞扬，铺天盖地，当地人随口以“白花村”称呼村名。此名口口相传，竟得到大多数村民默许。后时光流转，又有一些人见此处清溪（江水）环绕，扬波逐流，又改名为“扬溪村”。

明嘉靖十年（1531 年），由明林富修、黄佐纂的《(嘉靖）广西通志》中的《卷第三十七·关梁·南宁府》载有“杨美渡”，这是“杨美”首次见于官书史籍。后在明南宁府知府方瑜纂辑的《(嘉靖）南宁府志》中《卷二·地里志·市圩·宣化县》见载有“杨美圩”。

当地村民思想进化，人心向美，“杨美”不知何时改为“扬美”，人们渐渐淡忘了“白花村”与“扬溪村”，欣然接受了“扬美村”。

关于“扬美”的含义，扬美村人有他们自己的解释:“取美名传扬之意。”他们从历史的传承中找到了佐证：一传因当年驻地军人有保家卫国之功，屡受朝廷褒赏，美名传扬四方；二传当地人为纪念祖宗崇德嘉功，将村名改为“扬美”。两种说法，各有说道，又殊途同归。

在建置上，扬美刚建村时，属邕州武缘县下南乡辖区，又在合江镇防卫区内。宋治平四年（1067 年），宋神宗诏划宣化县永宁乡武颙里，以及宾州上林县止戈乡，并入武缘县；又析武缘县的上东乡、下南乡，划归宣化县管辖。今扬美村所在地，当时随之改属邕州宣化县下南乡辖区。至南宋，宣化县又增至 9 个乡，南宋时期修纂的《邕州志》（残本，见于《永乐大典》）记载："下南乡，在县西管一十三村。西乡，在县西管一十九村。"南宋统治期间，扬美村仍属邕州宣化县下南乡辖区，又在合江镇防卫区内。元朝统治期间，扬美村仍属宣化县下南乡辖区，又在合江镇防卫区内。至明代，明太祖改广西行中书省为广西承宣布政使司，扬美村属邕州宣化县上南乡辖区。

明代陆驿、水驿发达，"铺"即指陆地驿站，"渡"为水路驿站，各配船只、兵夫，专司递送公文书信，沿线传递。明嘉靖十七年（1538 年），由南宁府知府郭楠纂修的《南宁府志》提及"合江铺"，地近"杨美渡"。"杨美渡"与"合江铺"水陆形成互补，经济、交通相辅发展。

今存于扬美古镇魁星楼的一块告示碑上，载有"上南六图杨美乡"的文字。由此可知，在明崇祯九年（1636 年）之前，扬美为乡镇建制。当时徐霞客在他的《徐霞客游记》中，称扬美村为"大湾"。"大湾"在今天扬美村下辖的平凤坡，当时名为"平凤渡"。

清宣统元年（1909 年），清政府颁布《城镇地方自治章程》，南宁成立城区自治会，将宣化县除城区外，划为 15 个自治乡（筹），扬美村为扬美乡，在其筹建自治乡期间，下辖 3 段 3 圩 30 个村。那时的扬美乡，辖区广阔，已达极盛。清宣统二年（1910 年），扬美乡自治会成立，会址设在扬美圩，辖 3 团，辖村未有更易，户籍统计为 11 629 丁口。

1926 年，邕宁县改广西省直隶县，扬美乡隶属于邕宁县。1932 年，广西军政当局重新划分乡区，邕宁县改属南宁民团区，全县分城区、扬美区、坛洛区等 16 个区。区下的行政区名称不统一，有的设团，有的设乡，较为混乱。扬美村为扬美团，乃扬美区治所。1933 年，邕宁县区划调整，全县划分为 7 个区、69 个乡镇。扬美乡隶属于坛洛区，有 8 村街，79 甲，男 1854 人，女 2109 人。1934 年，邕宁县隶属于南宁行政监督区，扬美镇公所成立，所址在扬美圩三角市（实为圩场，位于今金马街、永安街、共和街交会处），扬美镇隶属坛洛四区金陵乡。

1950 年 2 月 8 日，广西省人民政府在南宁市正式宣告成立，广西省省会定在南宁市。同年下半年，邕宁县行政区划设 14 个区，其中第十三区政府驻老口，扬美隶属第十三区。1951 年至 1957 年，邕宁行政隶属关系多有变更，扬美为邕宁辖区则无所更易。1958 年 3 月，广西壮族自治区成立，同年实现人民公社化，其中群英人民公社下辖原老口、扬美、江西 3 个乡。1960 年，扬美随老口人民公社划归邕宁县管辖，随后改为扬美人民公社。1962 年，扬美人民公社改为扬美大队。1981 年 11 月，广西壮族自治区人民政府将江西、坛洛、那龙 3 个人民公社划归南宁市管辖，扬美大队随江西人民公社更易到南宁市辖区。1984年，南宁市恢复乡镇建制，扬美大队隶属江西乡人民政府。1987年，扬美大队改称扬美村，由扬美村公所实施行政管理。1996年8月，扬美村民委员会成立。1996年至2000年，扬美村为江西镇辖区。1999年，扬美正式开发旅游，为提高知名度，正式启用“扬美古镇”这个名称。

2001年12月，撤销南宁市郊区建制，12月5日，扬美村随其所属的江西镇并入南宁市永新区。2005年3月，南宁市行政区重新划分，扬美村随其所属的江西镇划归江南区管辖至今。

在村庄街道的布局中，由于一些人员的长期固定居住，扬美村逐渐形成了相对固定的格局。《(民国)邕宁县志》中《卷六·地理志六·新乡区表附对照》篇中有记载：当时南宁之地各乡镇的治所驻地，有某街、某坊，数量也不过二三。而隶属于坛洛的扬美镇，其治所驻地扬美村却已多达八条大街。

1932年起，广西军政当局整治乡村，加强组织，决定以十户为甲，十甲为村街。扬美人遂以金马街（亦称解放街）为界，把扬美村分成两个街区：东南面的振兴街、临江街、共和街、金马街为一个街区，称为上街或上半街；西北面的永安街、和平街、新民街、中山街为一个街区，称为下街或下半街。

上半街整个街区及下半街的新民街居民，多为自称祖先来自广东南海的“广东人”，祖上以经商为主、农耕为辅；而永安街、和平街、中山街三条街上的居民，则主要是“山东白马人”的后裔，祖上耕田、读书的人稍多一些，也有一部分是商贾传家的。

自此，扬美形成了八条主要街道。对于做生意的扬美人来说，“八”即寓意着“发”，意为发财。扬美村的八条大街，对于当地人来说，是象征着“发财”的好兆头。八条大街纵横交错，布局合理，形成独特的南方圩市街巷形制。2016 年，扬美村正式管辖“八街一坡”，即振兴街、临江街、共和街、解放街、永安街、和平街、新民街、中山街，以及左江对岸的平凤坡（原名平凤村）。

这方风水这条江

水是扬美古镇兴旺的重要因素。南宁的母亲河邕江由左江和右江汇流而成，因此，扬美古镇的母亲河——左江，同时也兼任了南宁的“祖母河”。有着这样的血脉相连，怪不得扬美古镇素有“小南宁”之称。

水，它在脚下的涵洞里流淌着，细腻地触碰着每一寸土地、每一堵墙，让人们能抚摸到其肌理。

扬美古镇北靠青坡岭，南有大湾、细湾等深水港湾，可谓依山傍水。湍急的左江流至此地后，旋即变得温驯而厚重、平缓而不淤滞。当地风水先生和一般扬美人据此认为，这里是一个极易聚财的地方。

扬美当地有“山旺人丁水旺财”的说法，在他们看来，水路就是他们的财路，有了水，就有了发财的机会。除了财路通达，扬美也是一个纳财之地。扬美有大小水塘 20 多处，遍布各街各巷。

从高处眺望，扬美古镇的民居建筑整体呈现青灰的色彩，调子偏冷，与空灵的江水融为一体。建筑外墙采用

扬美古镇依山傍水　陈梓／摄

的冷色调、淡色彩，预示着求安求稳、低调冷静的心态。作为一座以贸易闻名的古镇，这里的居民们深知做生意讲究和气生财、互利共赢的道理。我想，这也许是扬美古镇得以成为各方商贾会聚之地的原因之一吧。

扬美古镇因水运兴而繁荣。在中国传统文化中，水能聚财，有水就有财。身处江畔的扬美古镇先民自然也深谙其道，并把这种文化用在临江街的民居建筑上。古屋进与进之间的天井，从风水学的角度来说，是藏蓄之所，象征着财富与福禄；天井端方平正，天降甘露，水顺着房顶流入天井之中，避免了财源外流。

在扬美古镇，水，不仅仅是流淌的液体，还是带有香气的传说。它更像是一种生命的语言，诉说着过往与未来。

《扬美村志》一书中记载着这样一个传说：在很久很久以前，有一位木材老板从越南运回一船檀香木材，准备运往广东盖庙堂。当运木船经过扬美大湾码头附近时，忽然狂风大作，飞沙走石，江面上更是风大雨大，浪涛汹涌。木材老板和水手们手忙脚乱，船被大浪掀翻，整船的檀香木沉入江底。待风平浪静，木材老板雇工人前来打捞，居然一根木材也找不着，但从此扬美的水便带有一股淡淡的檀香味。

一些人把扬美古镇的富裕气象以及扬美人的聪慧、好运，与此地的水联系在了一起。说喝过扬美水的人会变得更加机灵、聪明，所以扬美各条大街的商铺生意也越来越好。甚至，有的人还相信是扬美的财气把檀香的灵气吸引了，两股“气”合在一起，扬美就更加兴旺发达了。而当地的老人则说扬美的商业如此发达，离不开得天独厚的环境优势。他们认为扬美古镇三面环江，水流成图，形如一张八卦图。再加上古街与古码头数量正好各有8处，“发发”的设计理念与《周易》中的八卦图相呼应，象征着财富的丰裕、事业的稳步发展和家族的繁荣昌盛，也寄托了扬美人对未来的美好愿景。

扬美古镇上的民居楼层不高，但建筑密度大，街巷曲径通幽，院落多以宗族为纽带纵向分布，而且多围绕着鱼塘呈放射状布局。不少人家门口两侧都蹲着两尊石狗，石狗的耳朵低垂，鼻子大大，鼻孔朝上，未见牙齿，憨态可掬。

关于门前立石狗聚财的说法，广西民族大学民族学与人类学研究专家吕俊彪在《财富与他者：一个古镇的商品交换与族群关系》一书的第六章《财富的观念图式：人、神、财》中有提到扬美有一句俗语，叫作“狗跟富，猫跟穷”。意思是说，狗是有财气的，会带来财运。他还认为扬美人屋内的院子里，甚至屋顶上立着的石狗，还能镇宅消灾。

石狗遍布扬美古镇的大街小巷。据说，目前扬美古镇共有大小石狗 37 尊，主要分布在各主要街道的显要位置、各街巷的巷口。扬美人在街区中心地带的路边安放了一尊石狗。逢年过节，古镇人从旁边经过时，往往为其烧一炷香，祈求驱邪镇煞的神狗保佑一家老小的平安。在南宁白话中，“狗”与“久”同音，寄托了人们希望家宅兴旺、长盛不衰的心愿，这种风俗一代代沿袭下来。

刘佐泉在《雷州半岛石狗文化探源》一文中说，石狗崇拜源于槃瓠传说，环北部湾地区的石狗文化遗存，是僚人（中国古代岭南和西南地区一些民族的泛称）迁徙海南与越南时途经广西、云南等地的文化传播结果。

扬美村民奉石狗为神物　陈梓 / 摄

视角转到地下，扬美古镇精妙而独特的水系建设也十分巧妙，展示了古代人民在城镇规划和水利工程方面的卓越才华。在古镇的街道间穿行，能一路见证古代水利技术的传承，这是扬美古镇先贤们智慧的结晶和历史的印记，石板上布满的青苔、墙砖上留着的刻痕，是一个个水利故事的见证。

走进各幢古屋，可以发现进与进之间都有天井，天井端方平正。天降甘露，水顺着房顶流入天井之中，渗入地下，不至于流到别人家的地上，避免造成洪水漫延。

一声惊雷耳边响，仿佛在提醒我们：可别忘了，大自然的水有时不一定象征财富，也有可能带来麻烦。南方多雨而潮湿的气候，势必对房屋造成伤害。自古以来，南方就常有百年老屋因为不堪常年的风雨侵蚀而轰然倒塌的事故发生。聪明的扬美人因地制宜，将房屋建在坡地上，并通过一些增加通风透气的设计，防止雨水对檐墙的侵蚀。

老天是公平的，它一只手给予了扬美古镇便捷的水路，另一只手却拿走了大面积的耕地，导致适合耕种的土地大多集中在镇子的外围。因此，扬美古镇的家家户户基本都有开辟水塘养鱼的习惯。水塘，它的外化形式是养鱼，内化功能却是蓄水。

扬美的水，决定了扬美的地理。扬美人“因水制宜”，巧用《易经》八卦图，体现了扬美古镇人与建筑相依存的朴素哲学，也体现了深厚的中国传统文化底蕴，但又不失生机与活力。

水流，给扬美人带来的不仅是养分，更是一种无形的力量。它以一种信仰的形式默默地塑造着古镇的性格和韵味，使其在现代化的浪潮中，保持着独特风姿和生生不息。

屋后的池塘　陈纸／摄

遍寻古树形迹

扬美古镇以“老街、碧水、金滩、奇石、怪树”著称。扬美古镇三面环江，岸边都是古树，数不清的古树。古树因水丰而叶茂，在扬美古镇，树是最好的记录者，它不仅为游客提供了阴凉和美丽的风景，增加了古镇的宜居性，还成了古镇文化的一部分，见证了古镇的历史变迁。

左右江的水是扬美含蓄俊美的土壤，也是树木开枝散叶的上等养料。江水悠悠，拨开厚厚的尘土和层层的碎叶，仰天见树，我们才能真正看清岁月为我们带来了什么，更重要的是，它最终为我们留下了什么……一些植物的种子随着风、随着鸟到来了，它们遇见了这片藏于古镇的沃土，于是长成树，在这里留了下来，成为扬美古镇的一部分。有的古树树龄太大了，倒伏了，一段段身子泊在绿宝石般的水中。

扬美古镇古树多。水与树，树与人，人与自然，和谐共生。古镇的古树，枝叶交叠，历经风雨沧桑，见证着古镇的古今。

扬美古镇的树木与古镇的历史有着密切的关系，它们不仅是古镇风貌的重要组成部分，也是历史的见证者，它用自己的方式讲述着这座古镇的故事，让每一位到访者都能感受到扬美的魅力。

古镇里许多古建筑和古榕树相映成趣，构成了古镇独特的风景线。如古镇内的青坡怀古、剑插清泉等景点，这些景点因为其历史悠久和文化价值而闻名，也因为周围的自然景观和古树而更加生动。

扬美古镇的土壤以红壤为主，肥力较高，大部分亚热带的农作物都适宜在此种植。来扬美古镇的沿途，多是硕大苍翠的芭蕉。公路两旁的玉米地和甘蔗地里间或长着一两棵黄皮果树、荔枝树。进了古镇，是满眼满眼的绿。竹子、古榕树、龙眼树、芒果树、阳桃树……在池塘边、在菜园旁、在围墙旁、在码头、在江边，与古镇人的生活密不可分。

在传统文化中，有“背靠大树好乘凉”的说法，屋后种树是中国人的传统习惯。而广西人对榕树又具有一种特别的感情。走的地方多了，就会发现在广西村村寨寨的路口，都有一棵榕树。榕树像一个卫士，守护着村村寨寨，所以广西人视榕树为神树。在扬美古镇人说的平话中，“榕”与“龙”同音，榕树即龙树，庭院中种植榕树，寓意“龙庭”，故镇上多数人家的宅院都种有大榕树，榕树既可挡风，又能涵养水分，还可纳龙气，寓意吉祥如意。

所以遍寻扬美古镇的树，当然以古榕树居多。扬美古镇的沿江边就是一排古榕树，它们枝繁叶茂。阴凉的风裹挟着江畔湿润的水汽，将一块石碑上的落叶拂去，石碑上写的是“临江街码头”。如今，临江街码头略显冷清，只有绿荫蔽日。要知道，这里曾是商船停靠之地，现在，恐怕只有古榕树曾有幸一窥此处曾经的繁盛光景吧。

“龙潭夕影”是扬美古镇中一处风景优美的景点。这里有一棵巨大的榕树，它生长在岩石上，树根暴露，曲曲折折，像巨大的龙爪紧紧抓住岩石，其树干粗壮，枝丫向四周延展，像一位刚劲的老人，远望着这一望无际的潭水和郁郁葱葱的青山。

小湾码头旁的那棵古榕树则高可参天，枝繁叶茂，仰视不见日。在码头边的一座遗弃的老屋前，透过门缝往里瞅，古老的宅院内，树木在夕光中向地面投下一片斑驳的阴影。老屋的墙身密密麻麻地长满了各种寄生植物，剥落的灰泥与青砖是它们最好的土壤，为它们提供了必要的营养。

状元桥畔的古榕树开枝散叶，在树下乘凉好不快活。古朴气息的吹拂，山水沃土的滋润，使古镇上的树扎下了深根，蓬勃茂盛。那些树洒下如盖的绿荫，让匆匆赶路的旅人商贾歇脚，也供辛勤劳作的村民农人休憩，甚至呼唤江中漂泊的水手靠岸。

扬美古镇上的一些树一定还听过当地男女倚在身边定

生长在江边的古榕树　陈梓／摄

情的誓言，迎过欣喜归来的商人……在缓缓流淌的时间长河中，这些树默默见证着这块土地上的悲欢离合、风云变幻，任一阵又一阵历史的尘烟远去，紧紧与脚下的土地融为一体。

在金马广场上有一棵树，扬美古镇当地人称它为夫妻树，又称鸳鸯树。它本就是一棵古榕树，从根部长出两根粗壮的树干，远看似是两棵树紧紧拥抱在一起，像一对恩爱的夫妻，因此得名。当地还有人称它为龙凤树，寓意龙

金马广场上的夫妻树，现在是游人的打卡许愿树　昕悦／摄

凤吉祥。夫妻树下是临江土地台，每年开春时，当地村民都会在此烧香，祈求土地神保佑来年能喜获丰收。每年农历二月初二，凡在当年结婚生子的人，都会在土地台上摆放涂成红色的鸡蛋，称为“土地蛋（诞）”，供人们任意品尝。传说，拥抱夫妻树，再吃“土地蛋”，就会添丁。据说，有一对青年夫妇拥抱夫妻树后，回去生了一对龙凤胎。这事一传十，十传百，吸引不少青年男女去古镇游玩，去抱夫妻树。

扬美古镇常见的树，还有木棉树。木棉树在岭南一带又称英雄树，因其开鲜红的、大朵的花，缀于高空而得名。在金马街，沿着青石板路漫步到江边，江边有一棵木棉树高大挺拔。在树下荡洗衣物的阿婆说，她小时候在这里捉小鱼时树就在了。三四月份去扬美，木棉点点红，倒映在水面，农妇们在树下洗濯衣物，清水荡漾，好一幅春光浣衣图。柳树则是扬美古镇塘边和田边的点缀，它们以婀娜的身姿为古镇增添了南方的秀气。

扬美庙多，有庙的地方就有树。三界庙门前的江边，有一棵古榕树，枝干苍劲，但似乎光有枝干，没有枝叶。以为它枯了，却见枝干顶端凭空生出一小簇一小簇的叶来。此树须两人合围才抱得拢，估计有两三百年树龄。树下置一香炉，香灰满炉，想必平时来此拜祭的人不少。当然，如果没有菩提树，似乎就少了点神性。扬美古镇的每一处庙宇两旁都有菩提树，左右各一，绿叶轻翻，姿态婆娑，为宁静的净地增添了不少佛性。

一些树或其他植物，从扬美古镇砌第一块砖的时候就有了，扬美古镇的村民们早已把它们当成村里的一员了，他们从树旁进进出出，什么事也瞒不过树的眼睛。树知晓这座古镇的所有秘密，也严守着这座古镇的所有秘密。有树在的古镇，总让人感觉很祥和，也让人很依恋。有一棵古树恰好在拐进扬美古镇的路口，这样一棵好看的大树，是古镇人在向远方的游子和观光的游人招手吧。

在一条条安静的巷道边，一棵又一棵的树，像一位位风度翩翩的年轻先生，朝气蓬勃着，排列得整整齐齐。不过，也有年岁大的，树形有点佝偻，皮层有隆起的筋和纵裂的纹，它们是真正的令人尊敬的“树先生”。但只要你仰头就会发现，它们的树顶依然绿意滴翠，厚重而深沉。

镇里江边的那一幅幅画

凡是喜欢旅游的人都知道，很多地方会整出一套套“十景”“八怪”来。这些归纳的景，从南到北、从古至今、从山到水、从花到树、从朝霞到夕照，景与物相配，韵与气相应，尽量以最简洁的语言、最优美的形态、最富想象力的故事，让人还未涉足，先禁不住揣着这些“十景”“八怪”一一去对照。

扬美古镇一带虽无奇峰耸立，倒也岭坡青翠。左江环流于此，江水清澈见底，岸边翠竹成林。特别是到了夏天，这里荷花飘香，别有韵致。秋天则稻田逐浪，一片金黄。尤其是香蕉成熟时，一串串，垂在菜园或路旁，招惹人眼。

冬天的扬美古镇深邃、祥和，特别是如今出于生态保护的目的，将码头泊船餐饮的项目撤销后，更添了几分清新安静。

扬美古镇周边之景，以秀、怪、幽为特点，当地人在千年中也总结出了著名的“古八景”和与景对应的诗句，高度概括了当地自然风景的独特魅力，折射出文人墨客们好雅集欢聚、迎风弄月的情怀。

所以，扬美古镇“古八景”自古有之，但因为物换星移，目前存在于当下的只有五景。走到一条长廊前，长廊里镶嵌着一幅幅图片，图片下题着一首首诗。长廊就是画廊，画廊里完整地描述了扬美的“古八景”。

扬美古镇的“古八景”包括:“龙潭夕影”“金滩月夜”“雷峰积翠”“亭对江流”“青坡怀古”“阁望云霞”“剑插清泉”“滩松相呼”。

“古八景”因了一个“古”字，便领着人不由分说地往古旧、古朴、古韵的旧时光里飞奔，去寻觅、去领略曾经存在、穿越古今的风景。

“龙潭夕影”位于三界庙门前，那里有一棵大古榕，日久长出两根枝丫，中间有一块大怪石支撑。榕树下的江中有一深潭。下午时分，站在旁边的亭子向西眺望，两根枝丫像巨龙腾飞。另有一块巨石裸露黝黑刚劲的线条，深潭中的水则呈现暗绿色的宝石般的光泽，整个景色幽深而立体，神秘而美丽。

“金滩月夜”位于金马码头对岸。扬美的金滩指的是金马码头对面的一大片平缓开阔的沙滩。沙子因洁净而耀眼，每当皓月当空，沙滩就像一面硕大的明镜。人在镜中游走，仿佛变得透明起来，心灵也得到了抚慰和荡涤。曾有人吟诗云:“月白天清万里明，渔歌晚唱泛舟轻。雾散江心沉宝镜，风来水面闪银星。滩头翠竹婆娑舞，屡得游人赞美声。”

“雷峰积翠”位于金马码头下游约 3000 米的地方，因临江耸立着四大列石壁，当地人称为“雷随岩”而得名“雷峰”。有趣的是，如果站在“雷峰”对面呼喊，会产生阵阵回声，因而当地人又称之为“回音岩”。“雷峰”下最宜传情达意，每年三月时节，扬美古镇的男女老少便自发会聚在此唱山歌。“这边唱来那边和”，歌唱甜美爱情和美好生活。在当地，流传着这样的山歌：“江边担水刘三妹，唱歌干活样样会。唱得江水不愿流，唱得鸟儿忘了飞。”又有人用诗描绘此景云：“雷峰积翠美名扬，千古长河伴艳装。借得彩霞添秀色，雄姿倒影胜漓江。”

“亭对江流”位于钟馗庙，站在那里，阅江景、沐江风、览江流，均为最佳之地。极目远眺，左江宛如一条碧绿的飘带，缓缓游弋，向东移动。江心上，有抹抹绿意，树影着墨。偶尔有一两艘船被水流托着，若有若无的机声，却搅不动水流。烟波微微，船游悠悠。这正是：“亭外风光一派秋，对河明月耀沙洲。江头小闪闻渔唱，流水归舟极目收。”

“青坡怀古”位于魁星楼右侧，那里有一高坡，形似古冢，旁建有一公园，名为青坡公园。青坡公园不但绿树成荫、清凉宜人，而且流传着一个动人的民间故事。传说很久很久以前，那里有一个很大的池塘。当地一家农户有一

在江边阅江景、沐江风、览江流　陈纸／摄

对勤劳的兄妹，在池塘里种满了莲藕。一天，兄妹俩在池塘挖藕，突然乌云密布，狂风大作，随即刮来了一个巨大的怪物，张开血盆大口，冲向村庄。兄妹俩冲着怪物大声喊："不要伤了乡亲们，有本事冲着我们来！"怪物听了，扭过头，朝兄妹俩俯冲下来……雨过天晴后，兄妹俩的父

母来到荷塘，不见了儿女，原先的荷塘也已变成了两座似坟非坟的巨大土堆。乡亲们为了感谢兄妹俩舍命相救的义举，每年清明前后都到这两座土堆前去祭奠。有人写诗赞曰：“扬美青坡景物妍，荷塘岭压世相传。双坟寂寞埋兄妹，古井稀奇出藕莲。”

“阁望云霞”位于魁星楼前，那里是扬美古镇的制高点。登楼远眺，整座古村落尽收眼底，各种明清民居与新式楼房交相辉映、鳞次栉比，一幅意境悠远的南疆风景画卷徐徐展开。特别是早晨，一轮朝阳冉冉升起，染着点点云霞，不禁令人心潮澎湃，襟怀大展。此时，如果魁星楼的古钟响起，加上楼侧扬美小学的琅琅书声，那真是一派鸿运开泰、天下太平、国富民强的景象。

“剑插清泉”位于大王庙旧址东侧。相传，南明永历政权统治期间，永历皇帝嫡母王氏在邕州城病故。永历皇帝派人来扬美择吉地安葬。一日，村里来了一位身背宝剑的奇人，他对派来的人说：“此地下面全是水，不宜安葬。”那人不信。奇人拔出宝剑，往地上一插，便见一股泉水汩汩流出。那人这才相信，只好作罢，改到附近的三江口宋村安葬了皇太后。村人说此奇人可能是“大王菩萨”。于是，人们在泉眼处建了大王庙，上书楹联：“肃穆龙泉彰美境，巍峨凤阙霞青波”，以记此段民间传史。据说庙中泉眼长年清澈，水位四季如一，至今不绝。有诗云：“景色清幽绝俗尘，四时风送野花馨。剑泉遗迹难寻觅，惟见林荫伴彩亭。”

“滩松相呼”位于南昆铁路东侧的左江岸边，与“金滩月夜”相呼应。那里的江滩开阔绵长，沙质洁净。沙滩面对左江，背靠山坡。山坡上青松挺拔，郁郁葱葱，可供游玩者纳阴乘凉，悠闲垂钓。

在扬美古镇，除了前人归纳的“古八景”，在江之左岸边，还有一像八仙桌的石块，“前脚”分开驻足，“大耳”下垂，“双眼”紧闭，憨态可掬，当地人称之为“含羞小象”。

江之下游右边，有一些形状独特的尖顶石，当地人根据其造型，称之为“双狮戏珠”“海豚望月”等。还有一座莲花石，因其状似一朵含苞欲放的莲花而得名。下游有一岩洞，岩洞边有一块颇似青蛙的石头，花花的背，白白的肚，张开的嘴，右脚用力蹬着，当地人称之为“蛙宫”。

“醒狮回眸”在扬美古镇江段之下游，靠近壶天岛之墨溪。在两座线条粗犷简洁、前后四角立的小山顶上，有一石狮，形神兼备，仿佛方从梦中醒来，又仿佛听到后面有美妙的响声，情不自禁地回眸远望——可能是“龙潭夕影”的风景太迷人，它舍不得转头过去，故人们把它叫作“醒狮回眸”。

“姜公垂钓”在扬美古镇河段上游。在一又险又陡的悬崖峭壁之下，有一块形似古椅的石头。石头上，有一块大石，形似姜太公，正悠然自得地坐在椅子上垂钓。观之，姜太公似在闭目养神，又似在静坐想着凡间之事。再一细观，品之，原来是他坐在石椅子上，把钩投入江中，一副“愿者上钩”的神态。正如扬美古镇当地诗人杨翰燃所写的那样：“都说人间怪事多，无钩姜尚钓渭河。等闲再把他请讲，榜上封神鬼戴歌。”

“蓬莱仙景”位于“姜公垂钓”附近。其江中有一小山，山上似无土无泥，但山顶的一棵小树却顽强生长，是天然的特大盆景。每当洪水时节，石、树年年被淹，但当洪水退去，它又长出新枝，萌发新绿，依然亭亭玉立。曾有诗曰：“江水长流树不流，蓬莱小树自悠悠。任由千尺洪峰压，挺立依然秋复秋。”

“鳄鱼甜梦”位于左江流域扬美古镇河段之下游右岸，最佳观赏位置是从三江口逆江而上。那些淡黄斑驳的石层，如一条天然的河堤，长约一公里，它坚固雄伟，任凭洪水冲拍，岿然不动；任凭江水高涨，也无法漫过堤岸。在阳光的照射下，金光闪闪，有人称其为“金堤”。“金堤”状似鳄鱼，它双眼紧闭，静静俯卧着，如在甜梦中，故当地人称之为“鳄鱼甜梦”。

“巨蟒拦江”在左江扬美古镇河段水底，那里有一列长长的似堰非堰的石头，在金滩对面的河岸边，像一条巨蟒。相传古时，有一天大雨倾盆，滔滔的江水滚滚而来，有一条巨蟒趁机堵住江水，欲淹没江边良田，危害乡民。玉皇大帝立即派了天兵神将下凡，一剑把祸害凡间的巨蟒砍了个身首分家，后来巨蟒变成了如今似堰非堰的长石，也因此，扬美人把此景点叫作“巨蟒拦江”。

“海狮亲吻”位于左江流域扬美古镇河段之下游，在船上观赏江岸风光，到“雷峰”的拐弯处，有两块“接吻”的石头，石头形似海狮，故取此名。这对相亲相爱的海狮，雄的居下，雌的居上。雄的使劲地亲吻，而雌的温顺柔情，半推半就，缩着颈脖，脸面微微侧过，若有所思，像在品味着什么，可谓情切切、意绵绵。

离“海狮亲吻”不远处，又有一石，似人又像马。那人骑在马上，形如在想着后方的亲人，故人们把它叫作“思妻石”。传说宋熙宁八年（1075 年），宋与交趾交战前，一位骑士奉命沿江侦察敌情，来到这里时发现对面岩洞中有动静，以为有敌情，便暗中观察，谁知是一对情意绵绵、窃窃私语的情人在约会。骑士见之，触景生情，不禁想起自己新婚不久就分别的娇妻。他思呀想呀，就变成了“人马石”。后来，善良的扬美古镇人把这里叫作“爱的世界”。

上下五千年，风雨加雷电。很多自然与人文湮灭在历史的长河里，能够逃脱时间洗礼的，除了“造化”，其实得益于当地人与自然和谐发展的理念。金山银山，不如绿水青山，扬美的良好生态，是它续写历史文化底蕴的奥秘所在……

建筑底蕴

▼青砖映黛瓦，倒影入江河。

一闪而过的牌坊与门楼

牌坊，也称绰楔或者绅楔，是封建社会为表彰功勋、科第、德政及忠孝节义所立的建筑物，以昭示家族先人的高尚美德和丰功伟绩，兼有祭祖的功能，是封建礼教的产物和宣扬封建道德观的载体。有一些宫观寺庙也以牌坊作为山门，还有的是用来标明地名。

门楼也是中国的特有建筑之一，起源于汉代坊墙上的坊门，宋以后，随着里坊制的瓦解，坊门脱离坊墙的形式独立存在，成为真正的门楼。门楼立于大街、桥梁等显要的位置，至明成常制，它不仅装饰美化着环境，增加景观的气氛，而且是一种具有地标意义的建筑。

如果要问扬美古镇有多少牌坊及门楼，那要折返匆匆的脚步，重拾一闪而过的印象。

从东南方向进，西北方向出，在扬美古镇转了转。路过一片废弃的土地，那里杂草丛生，乱石迭出。路边有一座高高的牌坊，身影巍峨。这是前些年刚建的，后来觉得位置不对，便荒在这里。

有人不理解“位置不对”，当地人解释说，这里不是扬美古镇东方的正前方，再则，它没有囊括扬美所有的地盘。是的，大众所理解的牌坊位置，应该是有所统领或引导的，不但是位置的中心，更是精神、观念、思想的标志之地。

沿着环村路，在扬美古镇的外围绕行。在外围的东方，有一座牌坊，一座比先前更巍峨的牌坊屹立在眼前。游人的脚步慢了下来，甚至有点庄重起来。

这是一座仿古石牌坊，飞檐雕花，颇有气势。牌坊最上方的正中央，四个隶书大字，端庄稳妥：扬美古镇。

扬美古镇牌坊，气势十足　昕悦／摄

以前有钱有德的乡村或个人想立座牌坊，比如功名坊或贞节坊，审批的程序很复杂，要得到官府甚至皇上赐批，困难得多，也可贵得多。这样的牌坊，是一座村庄的精神典范或道德标杆，背后都有一个或奋发图强或可歌可泣的故事。

但如果只是立座村庄的名称坊或标志坊，就容易一些，乡贤凑齐银两后建造就是了。扬美古镇的牌坊就属于这类。这座牌坊在最早建的时候，四周有一圈高大而坚固的城墙，有抵御贼寇贼匪的作用，在战火纷飞的年代，它庇护着古镇平静而安宁的生活。可惜十年内乱，城墙作为“四旧”被拆除殆尽。有一段时间，扬美古镇因城墙的消失而乱了方向。后来，为了让古镇“站立”起来，也为了让古镇“坐正”起来，古镇人特地在古镇正东方重建了一座牌坊。

现在扬美古镇的这块牌坊由衡门衍变而来，即由两根柱子架一根横檐构成的最简单最原始的门。关于衡门，最早记载的是《诗·陈风·衡门》:“衡门之下，可以栖迟。”《诗经》编成于春秋时代，大抵是周初至春秋中叶的作品，据此推断，衡门最迟在春秋中叶就已经出现。扬美古镇牌坊坊墙中央不但设有衡门，柱侧两边还各有一扇小门，只是没有安装可开合的门扇。

如今，这座牌坊成了扬美古镇的正式门面，景观性很强，不仅起到了点题、框景、借景等效果，而且人们还可以从这座石牌坊上古朴有力的“扬美古镇”四个大字中，去联想古镇曾经的固若金汤。

恍惚间，我过了这座高大的牌坊，脚步停留在临江街。临江街南北走向，建于清道光年间，总长300米，宽近4米。与其说这是一条街，还不如说是一条巷。早上的时候，这里走的人不多，街道上甚至有几只小鸡在低头啄食，阳光把它们的影子投射到苔藓遍布的墙角，为小巷增添了几分寂静。

临江街有一门楼，门楼拱门上方题“临江街”三个大字。许是年代久远，字迹锈蚀斑驳。据《扬美村志》记载，临江街门楼高4.7米，宽3.65米，拱门高2.6米，宽2.15米，门深1.1米，青砖砌成，外抹水泥。此门楼始建于20世纪80年代，风雨剥蚀近半个世纪。门楼旁的闸门石壁上，清晰地标记着1937年、1968年、1986年和2001年的洪涝水位，若有若无的刻度，歪扭斑驳的字迹，见证了沿江曾经的水涨水落。想到历史的水浪冲击临江街的情景，沧海桑田，终究敌不过人的从容应对。

沿着临江街从南往北走，说不定能看到一位坐在屋前的老人。如果问她的姓名，当地人会介绍说，她叫杜翠琼，今年98岁，走过比门楼多一倍的岁月了。

杨翰燃在《扬美古镇历史》中记载了临江街码头的情况，那时靠近码头的圩头市场是扬美的大集市，大小商贾、往来船只都云集于此，所有交易的货物都经此码头进出市场，装卸船只也由此发往四面八方，一派热火朝天的景象。

临江街门楼　陈梓 / 摄

如今，站在临江街门楼上往下看，现在的码头已无商船停靠，变成了旅游品小集市、食铺以及游船停靠点，已失去了作为一个码头所应具有的水上运输功能。

极目望江面，水送人走，平安归来。低头看脚下，地势南高北低，台阶由南往北逐级而下，结构稳定，寓意顺风顺水。

从临江街门楼往北走，到一开阔地，开阔地右侧又有一门楼，称金马街门楼。金马街门楼，顾名思义，位于金马街。

金马街门楼　昕悦／摄

据《扬美村志》记载，金马街门楼也是建于 20 世纪 80 年代，坐东朝西。整座门楼高 4.7 米，宽 3.65 米，拱门高 2.6 米，宽 2.15 米，门深 1.1 米，整个规制几乎是复制了临江街的门楼。

金马街名称来源于成语金马玉堂，象征着富贵和荣耀，寓意着这里的居民生活富足、地位显赫。所以，金马街门楼不但是扬美古镇码头的门面之一，而且是最中心、最重要的门户之一。

总之，扬美古镇石牌坊是陆路外人进入古镇的重要门户，临江街门楼和金马街门楼不仅是人们涉江与登岸的重要通道，也是人们在古镇交易商品或商品转运南宁等内陆的重要关口。

古镇的四处牌楼，命运各异，作用各异，特色各异。中规中矩的中轴对称手法，将牌楼标准的物化转为视觉艺术。它们都在半个世纪前重建，在新建的气场里，并没有一闪而过后消失，反而永久凝固。以前与现在的故事语声，一浪推过一浪，川流不息，将游客的视听裹进历史的叙事天空。心灵觉悟的力量、地理位置的点注，与建筑美学结合在一起，使牌楼在人们的传说中重现，还原了历史与生活，成了古镇上散点式的另一风景。

精美的建筑会说话

扬美古镇走过了上千年的历程，文物古迹遍布全村，青砖黛瓦，古香古色。扬美古镇现存明代民居 1 处，清代和民国民居 259 处，分布在古镇 8 条街巷中。古民居总数最多的是和平街，计 64 幢。清代建筑最多的是临江街，计 46 幢。民国建筑最多的在中山街，计 31 幢；共和街次之，计 30 幢；和平街和永安街再次之，各计 29 幢。

扬美古镇的居民，大多是山东军人平叛解甲后迁居于此，还有少部分来自广东，他们来此经商，后定居下来。所以，扬美古镇的民居建筑风格既深受齐鲁文化的影响，讲究四平八稳，庄重典雅，同时又兼具岭南民居的传统特色，讲究细腻秀丽。再加上扬美古镇人生活的地方，其周边大多是壮族人，而扬美自身又是当时南宁地区的汉族聚居地之一，所以扬美古镇的民居又体现了汉壮融合的特点，借鉴了西南苗族吊脚楼、壮族土司楼等民族建筑样式的风格，还加入了铜鼓、锦绣等装饰和雕刻元素，展现了丰富的民族艺术风格。其整体建筑风格是中原与岭南的结

青砖黛瓦的民居　尹庆南／摄

合、壮族与汉族的联手、明与清的杂糅，风格多样，丰富多彩。

南迁扬美古镇的汉族先民在建造民居时，按照中原传统的硬山搁檩式民居形制建造住宅，同时，根据南方炎热多雨、潮湿的气候特点，吸收了当地干栏式建筑中的一些合理因素，将房屋建在坡地上，近水而不受水浸，并且将住宅空间加宽抬高，扩大居室空间，前后檐墙上部留空而不密封；厢房前后开设直棂窗，使空气对流。同时设置挑手支撑檐檩，使屋檐向外延伸，防止雨水对檐墙的侵蚀，形成宽大的檐廊，以及在左右厢房上部架檩铺板成阁楼，用以储藏粮食。

扬美古镇的古建筑还有一些共同点：在建筑院内的每一段台阶的级数，无论多寡，均为奇数。在我国中原传统文化中，以奇数为阳数，如九月初九为重阳节，五月初五为端阳节。台阶级数为阳数的宅子即阳宅，表明这是活人居住的地方，而不是死人住的阴宅。拾级而上，有“步步高升”之意。台阶之下还有暗沟，易排放污水，又不易滋生蚊蝇，令人不得不叹服能工巧匠们的智慧。这些古建筑门口两侧大多安装有“暗孔”，用于抵御敌人进攻。门旁部分石板为红色，当地人讲的平话里，“红”与“旺”同音，既言鸿运当头，又暗含兴旺发达之意。在有门板的门两边，各有一块重重的石方墩，用于平衡门板力量，以延长门板的使用寿命。

在扬美古镇的古建筑里，还发现建有马头墙，也称防火墙。一旦发生火灾，这堵墙可有效隔断火源，防止火势蔓延。马头墙是皖南民居外部形象的主要特征，这说明扬美古镇人兼收并蓄，不断学习先进地区的做法，不断融合中原和岭南文化，才形成了独特的建筑文化。

古民居房屋的屋顶上，覆盖着形式多样的瓦片，屋檐下和窗户上既有精致的梅兰竹菊雕花，又有独特的绣球、壮锦木雕图案，体现了汉壮融合的手艺魅力。而且，扬美古镇的古建筑建造时间跨度大，融合了多个朝代的建筑风采。

扬美古镇保留着一些古街、古巷、古祠、古庙等，这些建筑大多分布在古镇内的各街巷里，以砖木结构为主，注重通风和采光，以应对南方炎热潮湿的自然环境。

现在扬美仅存 1 处明代民居，扬美人称它为“七柱屋”。这里明代时期的民用住房强调的是合院（四合院）式布局，即四面建有房屋的庭院式结构。这种布局既符合了封建礼制的社会需求，也体现了中国传统的宅院文化，强调家庭的私密性和集体性。与清代建筑墙砖的小、轻、薄的特点不同，明代房屋的墙砖大而厚且宽。明代的民用住房多采用木质结构，每一根木梁、每一块木板都质地坚实，纹理清晰可见。木材的天然纹理与房屋的古朴风格相得益彰，展现出一种返璞归真的美感。

举人屋则是清代古建筑的代表，采用了特殊的糯米石

举人屋灰青色的砖墙与燕子巢穴　陈梓／摄

灰浆，砖块之间的泥浆里含有糯米浆、黄糖浆的混合物。从外观看，砖块之间的缝隙呈现出一种灰涩的青色，这是石灰和稻草之间发生化学反应的结果。

举人屋门槛两侧的方形石块叫门当，门楣上突出的圆木叫户对，俗话说的“门当户对”，指的就是古时候大户人家的这两种装饰。据曾负责当地文物管理的刘炳政先生解释说：门当，建筑学上为门枕石的一部分，俗称门墩、门鼓，因其鼓声宏阔威严、厉如雷霆，百姓信其能避鬼避邪，故广泛用石鼓代门当。门当主要以箱形和抱鼓形居多，还有狮子形、多角柱形、水瓶形等。

至于户对，也就是门簪，它是连接门框的木构件，具有结构作用，上面刻有吉祥文字、乾坤或太极卦符，逐渐演变成了一种装饰性的构件，象征着富贵和吉祥。户对的形状多样，有方形、菱形、六角形、八角形等，装饰以图案或文字，象征着一年四季富庶吉祥。在传统民居，特别是四合院的大门顶部，户对通常成对出现。门楣上有两个户对的，对应的是五至七品官员；门楣上有四个户对的，对应四品以上官员；至于十二个户对的，则只能是亲王以上的品级才能用。有门当的宅院，必须有户对，这体现了中国建筑学上的和谐美学原理，也符合中国传统民居“门当户对”同呼并称的建筑伦理，后来演变成了一种男女婚嫁衡量条件的社会观念。

举人屋的正厅门前两根顶梁柱下都由石鼓形状的底座托举着，石鼓下方还有一个八面体的石墩，八个面上雕刻着不同的物体，有象征着吉祥的鹿、兔、喜鹊等。在“八方”的下方是四四方方的正方形石板托着。

从这个角度来看，扬美古镇清代古居通过其设计和布局，影响着居住者的行为、社会关系以及对世界的认知。在装饰风格上，虽然注重镂空的雕刻艺术，但更加注重简洁、典雅而不失华丽，体现了清代特有的“四平八稳”“四面八方”的审美观念。

扬美古镇民居的空间结构形态，还体现了古代的尊卑秩序。这里的建筑空间结构多以宗祠为中心，房舍的配置

承托顶梁柱的石墩上的雕花　陈梓／摄

与使用主从有序，尊卑分明，体现“男尊于女”“左尊于右、南尊于北”的要求。例如明清民居相对集中的临江街，该街以青石板路为轴线，左右各分布院落，每座民居院落代表了一个家庭。各座院落互相紧挨，前后院落距离也近，构成一个大家族。通过这样的建筑格局，同宗聚居的宗族形态得到了充分发展，也彰显了“亲”“孝”的道德本位和强调凝聚力的宗族意识。可见，住宅布局的意识已深深植根于当地人的社会文化和宗教信仰之中，对家庭成员的精神文化产生了深远的影响。

扬美古镇的前人还认为，古民居乃思乡之载体，又受“叶落归根”之传统习俗影响，于是用经商获得的利润不断扩建民居，以显示家底丰厚与宗族兴旺发达。

建筑的和谐比例不仅仅体现在物理形态上，更重要的是它是与人的精神状态和情感需求相呼应的。建筑不仅仅是石头和木头的堆砌，更是对人类精神状态的映射。所以，扬美古镇的古建筑不仅是当地物质的文化遗产，更是当地人精神的寄托，它们以独特的方式诉说着过去与现在，让古镇人在快节奏的生活中找到了宁静与思索的空间。

石板路牵出古宅来

踏入扬美古镇，如若是在清晨，当古镇的第一缕阳光照在斑驳的石板路上，金色的光芒透过古老的榕树叶缝，洒在这片古老的土地上，那一刻，仿佛穿越了时空，回到了那个古老的时代，扬美古镇摇曳的身姿也永远留在了心中。

临江街的石板路　陈梓／摄

沿着千百年风雨洗礼的石板路漫步，静静聆听每一块凹凸不平的石板承载着的古老记忆发出的回响。深灰色的路面上裂纹交错，宛若历史的细语。

1952 年出生在临江街上的“班屋茶庄”庄主班文强听他父亲说，在 1920 年之前，扬美圩市还是很兴旺的。扬美临江街的街道全部铺着大块的石板，一直铺到附近的村里。这么多的石头，扬美附近又没有山，这石头是从哪里运来的呢？据说是在明末清初时，扬美临江街上的街民商议、自发出资，让船队去左江上游的太平府崇善县（治所在今崇左市）购买石头回来后自己动手铺的。

有着“清代一条街”之称的临江街是扬美保存最为完整的街道之一。临江街建于清道光十四年（1834 年），整条街两旁几乎都是古朴的清代民居，青灰色的砖墙肃穆而又庄重。晨风微拂，带来湿润的空气，砖与砖之间，暗白色勾缝里还弥漫着明清年间黄糖和糯米弥合的芬芳。伸手触摸，带走一抹淡淡的苔丝，历史的滋味顺着指尖传入心扉。

一到临江街，就等于进入了扬美古镇的中心，这里不但是扬美古镇人生活空间的中心，更是家庭社交和教育活动的核心。虽然并非所有的临江街人都读书做官，但当地人认为，临江街人知书达理，是讲道理的文明人，是有文化的富贵人家。临江街上的“班屋”饱经风霜、寓意和平。如今，居住在“班屋”的班文强年近古稀，常年或与琴棋书画相伴，或在树荫底下与三两好友饮茶谈笑，生活十分惬意。

在举人屋前驻足，阳光透过斑驳的古木梁架，辉映在青石板上，似乎照亮了某朝某代某个普通的清晨。

举人屋屋主姓杜，名元春。他的父亲名叫杜绍龄。据当地杜氏族谱记载，扬美古镇的杜氏祖先有两个支系，一支是宋皇祐年间狄青平南军的后代，主要居住在中山街、和平街；另一支杜姓人早先在广东南海等地谋生，后来到扬美经商并定居于此，这一支杜姓人主要居住在临江街、解放街。

杜绍龄从小聪明好学，然而，幼年时却因战乱颠沛流离，被迫中断了学业。战乱平息后，杜绍龄已家徒四壁，被迫放下熟读的经书，学做生意，补贴家用。闲暇之余，杜绍龄依然手不释卷，同时广交文人雅士，且喜欢吟诗作对、挥毫泼墨。据《扬美古镇》一书记载，杜绍龄常对人说，自己小时得到父亲教诲，以读书为本，却不幸遭遇战乱，学业半途而废。

杜绍龄有四女一儿，儿子即举人杜元春。虽是独子，但杜绍龄对其督责甚严。杜元春所作诗文，杜绍龄每篇必先阅读，然后指导。后来，杜元春高中举人，其父教导可谓功不可没。据当地人考证，杜绍龄晚年病危之际，儿子杜元春在桂林应试未能回乡，杜绍龄嘱咐夫人吴氏："元春学未成，宜苦读以成先志，无遽以生人产分其心也。"

清光绪年间，时任左江道总兵孙楫到扬美游玩。孙楫在邕坐镇期间，邀集文人墨客，徜徉山水之间，吟诗作对，不负风月。他听闻杜元春文名，请他前去相见，并以本地景点出上联“晓日蓬莱紫气重”以试其才气。杜元春立即拱手作礼，接对曰：“春潮尖顶浪云开。”孙楫大悦，邀杜元春同游扬美。

通过来往，孙楫越发赏识杜元春，乃邀杜元春入左江道署，欲将其培养为自己的幕僚，加以重用。杜绍龄一心想要杜元春考上进士，去更广阔的天地施展身手，不愿儿子变为他人的刀笔吏，便劝阻杜元春。孝心为大的杜元春遵循父命，婉辞了孙楫的好意。由此，孙楫欲当伯乐起用杜元春的事情成为当时一段惜才佳话。

后来，杜元春中了举人，但因身体不好，故未入仕，而是一直留在村里做文书，直到清光绪二十三年（1897 年）在家中离世。

其实，不仅是杜家，整个临江街乃至扬美古镇，都学风甚盛。在《古镇扬美》一书中，有提到扬美人的崇文尚武之风：“扬美古镇，人杰地灵，崇文尚德，仰美扬美，民风古朴。举人、解元、进士、廪生、太学生等人才迭出；明清古宅、清代古街、魁星楼、古闸、孔庙、禁碑，尽展古镇崇文尚武，仰美扬美的品德……”

而在吕俊彪看来：“作为一个商业城镇，明清时期的扬美人对于财富的追求或许是热切的。但那些先富起来的人，似乎并不满足于一时的物质财富的积累。但凡有钱人家，都会敦促其子女勤读诗书，并想方设法获取一些功名，以上慰祖先，下诏后人。”

青山绿水，古庙老街，贤士辈出，无疑是扬美人展示其风雅的“资本”。明清时期，扬美古镇作为富商云集之地，崇文尚武之风就已日盛。当地富商也非常重视兴建学堂，纷纷主动捐资助学，让穷苦人家的孩子可免费读书。据有关人士考证，明清时期，扬美古镇多人取得了功名，其中举人 11 名、贡生 31 名、廪生 4 名。而在 1949—2005 年，临江街上就有 100 多人考取各类大专院校，近 20 人担任大学校长、教授，以及地方党、政、军要职，声名显赫。杜家后人杜国川回忆说，他就读上海海洋大学时，同村同年，就有 6 位应届高中毕业生被各所高校录取。

举人屋里最后居住的，是一位 100 多岁的老人，不过也已经过世。其他的杜家后代则在侧旁另建房居住，又或者在南宁市和其他地方居住，因此，这么多年来，这屋子便一直空着。即便如此，这座清代时期的屋子，依旧青砖墙面，干净整洁，未曾荒废。原来，住在隔壁的杜家人会时不时回来照理，检查电线和线路，逢年过节，也还会回来焚香点烛，祭奠祖宗。

俗话说，屋内有燕子居住，代表此地是钟灵毓秀之地。抬头一看，举人屋的一面墙上竟有 3 只燕子在筑窝。高大的马头墙昂首挺立，就像一把大伞保护着全家老小，不仅为居住于此的男女老少遮挡风雨，更昭示着一家之主的身

举人屋里的神龛　陈梓／摄

份与地位；精致的木雕窗花透出细腻的光影，映照在斑驳的墙壁上，仿佛是时间在墙面上轻轻刻下的文雅诗句。

再看一座清代的宅院——悬挂有捐班“进士”牌匾的屋子，这幢屋子隶属于扬美古镇清古建筑群的一脉。如今，类似这样的进士屋，在扬美古镇还有杨联英、杨方礼、梁荣甫等6家，主要分布在振兴街、中山街、临江街等。据不完全统计，在明清时期，这样的进士屋有10多间，虽然没有一个是科班，但面对着或保存完好、或残缺不全的块块捐班“进士”牌匾时，我们不仅能了解到当时朝廷科举制度的踪迹，还能看到扬美古镇人的风骨，看到扬美古镇当时各种建筑技艺发展的程度。

一间间进士屋，历经几百年沧桑，木质大门的斑驳，传递着历史的沉淀；青瓦上的岁月痕迹，见证着时光的流

外观极似一堵城墙的慕义门　陈梓／摄

转。门檐上雕饰的精美镂空，依旧展现着昔日主人的雍容华贵，仿佛古老的歌谣在空气中轻轻荡漾。

慕义门位于扬美古镇中山街 40 号，“慕义门”三个隶书字镶在门头，其兴建年代不详。

慕义门原屋主姓孙，其先祖在宋代随狄青平叛南下时定居于此。当时只是平常人家，至清末民国初才因经商发家致富，后修建了这个大院。其取名“慕义门”，乃是告诫后人：无论做什么事，都要仰慕道义。

遗憾的是，如今的慕义门只留下了残缺的脊顶、斑驳的砖墙和残落的花梁，但这些残败的景象，也掩饰不住它曾经有过的辉煌，特别是门窗上刻着的各种花纹，已成为慕义门的建筑特点。

慕义门的屋前平整地铺着青石板，门洞并非常见的长方形，而是略带拱形，门板用长木条拼成波浪状。慕义门属砖木结构，外观极似一座城墙或城堡。大门不按传统做法开在中间，而是开在左侧边，高 3.33 米，宽 1.67 米，有三级台阶。

整座慕义门的门窗呈岭南风格，所有的门窗均由蚬木精心制作而成。蚬木木材坚重，其结构致密，纹理美观，为我国珍贵的建筑、造船用材树种之一。用如此珍贵的树种木材修建住宅，可见屋主当年财力不凡。

慕义门窗花特写　陈梓／摄

一扇扇镂空雕花的格扇门，是慕义门最美的部分，完全成了一组画屏。慕义门的门的数量根据室内的大小设置，格扇由格心和裙板组成。格心花纹样式很多，有的是用棂子构成方格、条框等，也有的格心是整块板，采用了通雕技法，精心雕刻了镂空的“麒麟送子”“喜上眉梢”等主题图像，或者是“富有日新”等文字。裙板上的花鸟树石，形状逼真，跃于其上。这些画屏木雕，力尽纳福避邪之用心。

陆卫在《桂筑华章——广西历史建筑遗存》一书中写道，扬美古镇慕义门在民居装饰应用中，利用谐音来表达思想，如用莲、鱼表示连年有余；蝙蝠、梅花鹿表示福、禄。“鱼”和“余”谐音，含有多余、多财、多福之意；鱼的繁殖能力很强，在建筑装饰里出现鱼产子就能起到儿孙满堂的象征作用；传说中鱼经过修炼能跃过龙门而成为神兽，比拟凡人如能升入朝门则功成名就，福禄俱得。这种方法称为“谐音的比拟”，这是伴随中国语言文字而产生的一种特有现象。

在扬美古镇的共和街，黄氏庄园静谧伫立。

黄氏庄园是扬美古镇内一处保存较为完好的古代庄园，这座庄园是扬美古镇现存规模最大的一处古建筑群，是扬美古镇富有代表性的建筑之一，它不仅仅是一处建筑的杰作，更是一段历史的缩影。这座建于清代乾隆年间的庄园，总面积 900 多平方米，至今已有 200 多年历史。

伫立在古镇一隅的黄氏庄园　昕悦／摄

黄氏庄园不仅是一处典型的江南园林建筑，更是一处典型的清代风格的建筑。庄园内的石雕、木雕、砖雕等雕刻工艺让人流连忘返。其建筑风格既有四平八稳、庄重典雅的齐鲁民居之特点，又自觉地受到了扬美当地建筑风格的影响，带有岭南传统特色的细腻与秀丽。

黄氏庄园由一位叫黄厚龙的商人倾心打造。黄厚龙原为附近江西镇兴贤村黄公坡人，靠行商发迹，后迁居扬美古镇，便在这里建了这座庄园。

站在黄氏庄园门前，一抬头，首先见院门屋顶上立有一尊石狗。据说，在扬美古镇有这样的习俗：假如自家房屋对着别人家房屋的尖角，摆一尊石狗便能挡住煞气。扬美类似的风俗还有：如果你走在扬美古镇，能看到很多商户摆卖着各种迷你版的扫帚，这种扫帚不是用来扫地的，而是当地人用来弹灰或扫掉身上晦气的。

黄氏庄园南北走向，大门向西，是因自西汉起，就流传着“商家不宜东向”的说法。黄厚龙是经商发达之人，当然有所禁忌。

黄氏庄园为三进式庄园，三扇门形成一种庄重而典雅的韵味，仿佛每一扇门都是时间的守门人，静默地诉说着过往的故事。逐院而上，每进一厅都有独立的庭院，颇为大气。房屋结构敦庄严实，青砖瓦舍，飞檐翘角。室内有雕砖与壁画，精致而生动，令人赏心悦目。站在黄氏庄园前，历史不再是枯燥的文字记录，而是凝固的生动现实。走进这里的人，能感受到商贾隐退的静谧氛围。

扬美古镇另外一类具有特色的建筑是吊脚楼。当你站在吊脚楼的下方仰望时，仿佛看到一栋栋飘浮在空中的阁楼。吊脚楼墙上色彩斑斓的壁画，寓意着美好愿望和祝福。

此外，扬美古镇还保留了许多历史名人的故居和纪念馆。这些历史人物和文化遗迹，为扬美古镇增添了更加丰富的文化内涵和特色。

明清两代，扬美古镇出了不少科举高才，也迎来了不少商贾生意人。他们或告别家乡，游学求知；或满载荣耀归乡，报效桑梓；或根植这方良土，发家致富。这些才俊的故事，如同一颗颗璀璨的明珠，镶嵌在扬美古镇的历史中。这座古镇上有40多个姓氏的人共同生活在这里，他们在这里建房造屋，找到了心灵的归宿，与自然和谐共处，享受着生活的富足与真实。

穿梭在扬美古镇的古宅中，不禁展开想象：在这一幢幢房子里，曾经究竟上演着怎样的家族故事？

一块砖一堵墙的精神底色

站在古镇的一座座古民居前，我深深被那份历史的厚重感打动。这不仅仅是一次空间的穿越，更是一次心灵的触动。如今的扬美古镇人，也还承袭着扬美先人的生活态度和价值观，以及对美好生活的追求，对家族和社会责任的承担。

62 岁的杨满娇是土生土长的扬美古镇人，嫁也是嫁在扬美古镇。“之前，我们扬美人不主张对外通婚，因为我们扬美人来自四面八方，姓氏很多，说是同村人，其实不是近亲，但又知根知底，联姻很方便。”杨满娇生儿育女也在扬美古镇，她也曾远走湛江打工，后来年纪大了，力不从心了，又回到了扬美古镇。

从小在扬美古镇生活的杨满娇，不但熟识古镇里的每一块砖、每一堵墙，而且还对它们投注了独特的情感。杨满娇说，那是童年留给她的记忆、父母留给她的话语、乡亲们留给她的关爱、古镇留给她的历史。

在杨满娇的眼里，古镇的每一寸土地都有故事，每一个角落都有特殊意义。在举人屋，她俯下身子，抚摸着一根檐柱下的青石问："为什么这块青石是四面八方的？"她不待别人思考，立马解释说："因为'四面八方'意味着'没有规矩便不成方圆'，也意味着我们在成长的过程中，会遇到来自社会上四面八方的人。"接着，她站起来，又抬头看着檐柱说："这根高高的顶梁柱立在'四面八方'的石柱上，意味着做人要挺直腰板、堂堂正正。"

杨满娇讲解"四面八方"的道理　陈梓／摄

她对古镇上的每一幢建筑的历史也如数家珍。她笑着说:“我从湛江打工回来，一直赋闲在家，闷得慌了，就想更全面、更详细地了解脚下生活的这座古镇。我先是跟在专业的导游后面认真地听，后来留意身边老人讲过去的故事，平时又找各种介绍扬美古镇的书来读，还上网去了解扬美古镇的信息。听得多了，读得多了，便对自己生活的这个地方了解多了。”扬美古镇居委会副主任梁彩丽真心夸赞杨满娇:“她在外面闯过世界，见多识广。她是见过大世面的人，讲我们这小地方的东西，有对比，讲得很通、很深。”杨满娇不好意思地说:“我哪里会讲，只是听来古镇考证的专家说多了，加上平时喜欢翻翻书，也就大概知道一二。”

在杨满娇眼里，眼前这些古老的房子是真材实料的。她说:“我们古镇上的古民居还有个特点，就是前矮后高。你们到门口来看看，是不是前矮后高？”她的解释是，以前屋主的想法是“要让我的后人比我高”，长江后浪推前浪，这样才能一代更比一代旺。

杨满娇指着门框上刻着的“王”“三”二字，又问我们:“这是什么意思？”她不待我们回答，自己便迫不及待地说:“古代时，‘王’字是‘旺’字的通假，‘王三’就是‘旺三代’的意思，寄托了古人对家族兴旺的美好祈愿。”

临江街旁石头上刻着的鱼和铜钱，也被杨满娇视为一种祈愿。她说:“鱼，象征着到外面去闯荡，去长见识，去飞跃龙门的远大志向；而铜钱，象征着挣钱，象征着财富。”

这是扬美古镇人对于成功两个维度的定义，一个是文化，另一个是商业。杨满娇补充说：“这些古代建筑不是冰冷的石砖木梁，而是活生生的历史，是前人智慧与情感的结晶。”

看着眼前这些古老的房子，杨满娇的语调突然低沉了下来，她说这些房子因为是祖先留下来的，历经了几百年历史和几代人，一代代的子孙后代后来又分了家，到了我们这一代人，一些房子面临着困境。

第一，老人去世后，年轻人外出务工，老房子没人住，没人保养修缮，不少被自然腐蚀，变成了危房。有的危房已经拆了；没有拆的，如果要政府来修缮的话，不仅花费很大，而且有的古宅所有权问题复杂，涉及好几家人。一家同意修缮，而另一家反对修缮，久而久之，问题就搁置了。第二，很多老人的思维还停留在计划经济时代和农业合作社时代，对非遗和旅游产业没有概念，保护古宅意味着要搬出去住，一些老人接受不了。第三，修缮和保护工作如果靠村民自己去花钱做，执行力不强，财力有限，保护也不够专业。随着时间的推移，许多古建筑已消失在历史的长河中，现存的建筑中，有的也面临着坍塌的风险。杨满娇很是担心。

古镇的建筑们在时间的流逝中格格不入，就这样静静地伫立在原地，不偏不倚、不卑不亢、不悲不喜。但古建筑外风吹雨打，古建筑里人来人往。走到扬美古镇的某处不知名的角落里，走进一栋荒废的古宅中，里面仍然堆放着屋主留下的老物品，古宅正厅上的日历，永远定格在多年前的某一天。最后一次热闹过后，这栋屋子便被弃置了。木质房门上的雕花整块遗失了，那是昔日遮风挡雨的屏障。如今呼啸而过的风，向摇摇欲坠的房屋吹着肆意妄为的号角。

其实，在中国不少村庄亦是如此：村里的年轻人外出务工了，家里的老人要么跟着儿女去城市里享福，要么去世后，后人再没回来，久而久之，老屋就成了无人打理的废弃之所。老屋无言，但拥有着产权的人却七嘴八舌，每位成员都有话语权，大家投票决定老屋的命运。有的人家一致同意，让老屋得到修缮和保护，但有的人家难以达成一致，或许任其没落，才是老屋最终的结局。

扬美古镇民居现存的200多处古建筑中，不少古建筑遭到不同程度的破坏，有的已被废弃空置。一些村民另辟新址“弃旧建新”，另一些村民则在原址上“拆旧建新”，存在随意拆除古建筑、违规建设等情况。还有不少古建筑存在火警标志缺失、电线老化等消防隐患，历史文化遗产保护和合理利用之间的矛盾日益凸显，让人不由得感叹：这么多、这么好的古代民居，怎么就荒废了呢？

“年轻的扬美人出去闯荡了，最近的也去了南宁，他们挣了钱，就在外面买房子，将家里其他人接到城里去。好在，现在越来越多的人懂得，这里的老房子不推倒重建，也不轻易改扩建，可留着让政府统一保护，做旅游开发利用。”杨满娇说。

幸运的是，扬美古镇村委现在也对这些珍贵的文化遗产给予了高度的重视，不仅对古建筑进行了精心修复和保护，还将它们合理利用，如开发旅游景点、建立文史资料库等。

南宁市江南区人民政府也组织编制了《南宁市江南区扬美历史文化名村保护规划（2020—2035年）》，明确划定了扬美古镇的保护范围及核心保护区、建设控制地带和环境协调区的范围。

针对古镇保护范围内存在的违法建设问题，草案规定核心保护区内的历史建筑应当保持原有的高度、体量、外观形象及色彩等，不得擅自改建或者拆除，除必要的基础设施和公共服务设施外，不得进行新建、扩建活动，建筑高度应当符合保护规划确定的建筑高度要求。

明确在古镇保护范围内的居民和从事住宿、餐饮、娱乐等经营活动的企业、个人，处置垃圾、排放污水和油烟应当符合规定标准等。同时，明确划定古镇保护范围内禁止或者限制燃放烟花爆竹的区域、时段。

当地政府还积极与文物保护单位合作，将古建筑接入文化遗产保护网络，以便于有关人员实时关注古建筑情况，及时维护历史遗迹。扬美古镇的每一处古建筑，都贴有文字版的简介，记载了古建筑的文物编号、历史年代、背景故事等信息，为游客增加了了解古建筑的便利渠道，增加了游玩乐趣。

历史钩沉

▼石板路蜿蜒，老街藏故事。

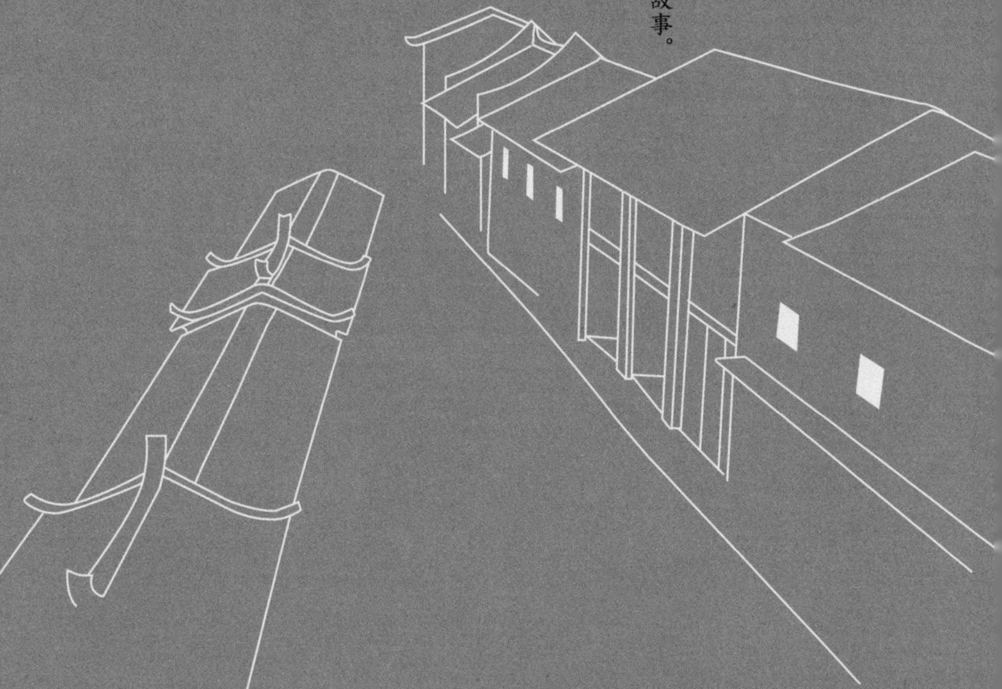

曾经硝烟四起的战场

说起扬美的“战场”，还得从宋代侬智高狄青之战说起。

提及侬智高狄青之战，不得不先了解广源州。广源州，唐置，是邕州下辖的一个羁縻州（羁縻州，是唐、宋、明王朝在边疆各民族地区设置的行政单位，朝廷任命各首领为都督、刺史等），其治所在今越南广渊，所属范围东至形州（今广西大新县东北），南至七源州（今越南谅山七溪），西至思琅州（今越南高平下琅），北至特磨洞（今云南省广南、富宁等县），面积约 6 万平方公里。

广源州在邕州西南，是郁江的发源地。这里崇山峻岭，地势峭拔险要，盛产黄金、丹砂等。自从宋初交趾（今越南）自立为国后，广源州虽号邕管羁縻州，却服役于交趾。如 1039 年，广源州就被迫“献”给交趾黄金。有史书记载：“交趾赋敛无厌，（广源）州人苦之。”

宋朝廷软弱无能，“助纣为虐”，引起当时广源州首领侬智高的反感。宋仁宗皇祐四年（1052 年），侬智高多次贡物以求内附而被宋朝廷拒绝，加上又与交趾仇怨加深，一气之下，决定反抗宋王朝。他命得力干将侬建侯、侬志忠、卢豹、黄仲卿等备兵，率五千部众，沿郁江东下，一举攻破邕管区域的西部门户横山寨。五月初一，侬智高的反宋武装攻破邕州，在随后的五月间，侬智高部又连破横州、贵州、龚州、藤州、梧州、封州、康州、端州。九月二十八日，宋仁宗旋即任命枢密副使狄青为宣徽南院使、荆湖北路宣抚使、提举广南东、西路经制贼盗事，授予指挥全权，南下平定侬智高。据《平蛮三将题名》记载，此次征南大军人数号称“二十万”，其中当不乏山东籍将官、军士。

宋皇祐五年（1053 年）正月，狄青率领各路大军经桂州，驻扎于宾州。正月十六日夜里，狄青悄悄率领亲兵，袭取昆仑关。十八日，侬智高督兵仓促迎战，不敌狄青部骑兵，大败，后急令部众退回邕州城中，闭门坚守。

正月十九日，狄青部收复邕州城。侬智高部急逃三江口（今合江口），往大理国特磨道避难。正月二十日，狄青将征南大军分为数路，从各要道追击侬智高主力，皆歼之。三江口一带为大宋南疆与交趾、大理的交通要津，为兵家必争之地。狄青占领三江口后，乃分兵驻守。

宋皇祐五年闰七月，宋仁宗觉得战事已平，大发慈悲，让戍守广南西路的军士达到两年期限后，就不用去别的地方轮戍了，可就此解甲归田。至宋皇祐六年（1054 年）年末，部分退役北方军士中，有的颇爱当地风物，不愿还乡，干脆落籍广南西路，成为当地的新移民。最先在扬美落户的是刘、罗、陆、李四姓人家。

宋熙宁八年（1075 年），交趾李朝发兵十万，大举入侵大宋边境，相继攻陷钦州（今灵山）、廉州（今合浦）等地，侵略军沿途大肆烧杀掳掠。皇城使、邕州知州苏缄为防范交趾入侵，下令在三江口一带修建多座烽火台，用于燃放烟火、通风报信，警示镇守左江一带的军队抵御外来敌匪，以及提醒附近乡村城镇居民躲避灾祸。同年冬天，苏缄亲率守邕州的宋军及老弱百姓 2800 余人奋力抵抗，他带领军士以神臂弓射杀城外的敌人，发火箭焚毁敌军云梯和其他攻城器械。敌军几番攻城，皆被击退，死伤超过一万人。

后邕州城内却有内奸徐百祥向敌军献计，教贼“用囊土傅城”，当一袋袋泥土垒至与城墙齐高时，敌军“蚁附而登”，邕州城被攻破。城破之日，苏缄大叫：“吾义不死贼手！”乃率家人入屋，全家 36 口纵火自焚，壮烈殉国。邕州城之人感怀苏缄之义，无一人投降，皆拼死抗战，最终被屠杀达“五万八千余口”。

苏缄及邕州军民守城殉国之事传至京城，宋神宗深表哀悼，下令抚恤岭南死事家属，立殉难将士墓，追赠苏缄“奉国军节度使”之衔，谥曰“忠勇”。宋神宗还对苏缄长子苏子元说：“昔张巡、许远以睢阳蔽遮江淮，较卿父，不能过也。”把苏缄推至与张巡、许远同等地位。

一边战火，一边商海。当时，由于水路发达，不管是和平时期，还是战乱时期，老百姓在这一带照样做生意，当地的商贸活动十分活跃。扬美由硝烟弥漫的战场，逐渐成为随军家属、退役官兵和外来商人的聚居地。这些随军家属、退役官兵和外来居住于此的商人，为了生存，除了耕种少量的农田，开始因地制宜，与南来北往的商人从事商业活动。

而关于“四月初九事件”，如今的扬美古镇人都不愿提及。1922 年 5 月 5 日（农历四月初九）拂晓，在青坡岭执勤瞭望的扬美乡练，于朦胧晨光中发现有当时所谓的“自治军”正在老牛岭附近集结，不禁大惊失色，赶紧向镇中报讯。上午 11 时，各路“自治军”攻进扬美镇，一路从沙坭塘、金马街、留庆坊、新街等处蜂拥直入，枪声不绝；与此同时，另一路“自治军”由马村渡江而来，沿路放枪相应，由梁府巷、石龟塘等处涌入。18 时，扬美镇被“自治军”烧余剽掠，唯见尸横街巷，火焰冲天。《广西通志·大事记》载：“自治军司令梁聘卿率兵至邕宁扬美村烧杀掳掠，打死打伤男子 300 余人，掳去青年妇女 90 余人，毁坏房屋 300 余间。”

这起事件是扬美人永久的“暗疾”与“隐痛”，人们皆不愿提及。而在记载中，“四月初九惨案”刺激着扬美人的神经。

“四月初九惨案”发生的原因莫衷一是。有的说是因为扬美古镇日益富有，名扬整个江西镇，尤其是饥荒时，别的村子正忍受饥饿折磨，扬美古镇的村民却从没有过这样的时刻。于是，这种落差引起周边村庄人的忌恨。而另一种说法，是这次惨案乃是“自治军”有志于“起义复桂，驱逐粤贼”，但缺少军饷，因向“富甲一方”的扬美人“借款”而不得，于是掳掠扬美古镇。还有一种说法是源于旧桂系军阀陆荣廷对扬美革命党人梁烈亚的仇恨，陆荣廷主政广西后，忌恨梁烈亚，怂恿当地武装即自治军司令梁聘卿血洗扬美古镇。

不管真实原因如何，但以“四月初九事件”为分水岭，扬美村由盛转衰，再也没能恢复傲视左江沿岸圩市、码头、乡镇的旧日繁华与荣光，这是不争的事实。

“牛的”悠闲踏着的脚下曾经是一个战场　王春生／摄

由于扬美古镇具有便利发达的水运条件，在抗日战争期间成了侵华日军争夺的要地之一。这里再次战火燃烧，扬美人员、财产也因此蒙受了巨大的损失。

1939 年 11 月 24 日，日军强渡邕江，南宁不幸沦陷。之后，日军又分兵向南宁西北郊的心圩、安吉、西乡塘、石埠、老口、宋村、扬美一带窜扰。1940 年，日军到扬美劫掠，杀害当地百姓 10 余人。1944 年冬，日军第二次入侵南宁，宋村、扬美一带有 30 多人被抓去拉船西上或随队做劳工。

面对日军的入侵，扬美人没有束手就擒，而是拿起武器，奋起反抗。据《广西新民团研究（1930—1940）》记载，1939 年，那龙、副四、武康、下楞、金陵、扬美、东南、双定各乡先后成立游击中队，各中队集中训练，学习战斗技能，再回乡接受战斗任务，英勇抗日。城郊各区、乡先后组织抗日游击队或自卫队，主动配合国军及政府其他武装力量打击日本侵略军。又据《南宁市郊区志》记载，1944 年 4 月下旬一天，下楞自卫队与联防队员摸清驻扎在马村的日军要到扬美搜刮军粮，便到路上伏击。当两名日军正要进街时，被自卫队、联防队员击毙 1 人、活捉 1 人。

扬美人抗日的事迹还有实物为证。2008 年，扬美段左江岸捞砂船打捞上了一个汽艇的引擎，上面写着“正田飞行机制作所”等字样，经文物专家鉴定为抗日战争时期触礁沉没的日本汽艇上的主要零部件。古镇人将它上交给城区政府，现放在昆仑关战役博物馆中展陈。

此外，扬美还有抗日老兵。邓维敦，1916年出生于扬美古镇。1933年，年仅17岁的他在桂林荔浦县入伍，成为国民革命军48军174师1039团医务所的一名军医。1937年9月，邓维敦随部队从平乐出发，途经梧州、广州、武汉、徐州、南京、苏州等地，一路辗转到达上海南翔火车站，11月上旬，在蕴藻浜一带的淞沪会战战场上，他冒着日军飞机大炮的轰炸和枪林弹雨，对受伤士兵进行包扎、抢救和转移。抗战胜利后，邓维敦回到南宁，建设家乡。

邓维敦在中华民族危难之际，义无反顾走向抗日最前线。他冒着生命危险抢救抗日战士，展现了中国军人的铁血风采。2015年，邓维敦获得中共中央、国务院、中央军委颁发的中国人民抗日战争胜利70周年纪念章。2020年，邓维敦回到了养育自己多年的扬美古镇。2021年，邓维敦在家中安详去世，享年105岁。

据了解，经广西关爱抗战老兵公益组织登记入册的南宁籍抗战老兵中，邓维敦是从军入伍最早的一位。扬美古镇人为这位抗战老兵感到自豪，在临江街上邓老的出生地特地挂上了“抗战老兵邓维敦故居”匾额，并将他的英勇抗战事迹做了简单介绍，供当地人和游客瞻仰。

在民族大义面前，扬美古镇人同仇敌忾，毅然汇入全国的抗战洪流，以实际行动谱写了一曲曲壮丽的精神之歌。

乱世风云乱世英雄

穿过绿树成荫的振兴街，来到解放街 35 号，那里有梁烈亚故居。

梁烈亚故居始建于清末，原先房屋众多，后被清政府放火烧毁，现仅存三房一厅和一个带厨房的庭院。这里既是民主革命先驱、辛亥革命仁人志士梁植堂、梁烈亚两父子的家园，也是孙中山领导的镇南关起义筹备会议会址之一。黄兴曾受孙中山委派，在这里与王和顺、梁植堂、梁烈亚等同盟会骨干商讨民主革命行动计划。

梁烈亚故居宅院内部采用抬梁式硬山顶砖木结构建筑，四开间，青砖、青瓦、清水墙，看上去十分简朴，与周围的其他宅院并排陈列，看不出什么明显差别。但谁能想到，在这座看似平淡无奇的宅院里，竟然生活过大名鼎鼎的“梁氏父子”，而且二人均为辛亥革命中的杰出人物。

梁植堂（1870—1907 年），扬美村人，曾追随孙中山秘密组织联络各地农民从事推翻清朝封建统治的革命活动。1907 年 10 月，他与黄兴、王和顺、黄明堂等人秘密开会，

梁烈亚故居　昕悦／摄

布置桂南各地武装起义事宜，在镇南关起义中负伤牺牲，为革命事业献出了生命。

梁烈亚（1892—1982年），1907年与父亲梁植堂一起参加了镇南关起义，父亲牺牲后，他全身心投入革命，在革命活动中发挥了重要作用，也为新中国的成立贡献了力量。

梁氏故居见证了梁烈亚的人生从稚嫩走向成熟。曾经，一个活泼好动、聪明伶俐的孩子在这座院内奔跑、嬉笑。小时候的梁烈亚很顽皮，梁烈亚的父亲梁植堂只能引导他读书以静心。

在宅院的一角，这里的书籍堆积如山，如康有为、梁启超的文集以及西方经济学著作等。梁植堂将哭闹的梁烈亚放在书堆中央，随后将左手拎着的一大摞书放在地上。看着父亲静静地将书籍摆好，梁烈亚十分懂事地停止了哭闹，伸手去拿那些书籍，似懂非懂地翻看着。

在这个藏书浩如烟海的知识宝库里，春去秋来不相待，水中月色长不改。梁烈亚不仅学会了读书识字，还在与父亲的谈话和持续的阅读中，接触到了许多新思想和新文化，特别是那些介绍民主共和制度的新思想、新文化。

扬美古镇不仅是一个商品物资的集散地，也是各种思想交流的重要场所。来自四面八方的商人和游客，为这个古镇带来了外面世界的消息和故事，也无意中为梁烈亚打开了一扇了解新世界的窗口。在故居的后院，少年时期的梁烈亚，常常坐在一棵大榕树下，聆听外地来的官员和商人们谈论世界的变化和民族的未来。

广西华侨历史学会学者向大有先生认为，扬美古镇独特的地理优势，促成了当地人在辛亥革命时期的作用和贡献。他认为，扬美古镇之所以成了辛亥革命活动的重要地区之一，是因为扬美古镇人才流动广泛，会聚了不少政治上反封建、反清廷，作为民主革命拥护者、追随者的华侨、归侨，他们引领着当地人，在思想上是民主革命的宣传者、谋划者，在组织上是同盟会及相关机构的创建者、领导者。华侨与归侨团结当地人，在经济上成了民主革命经费的筹集者和赞助者，在民族关系上成了民族联合斗争的推进者和先行者。

在地缘关系上，扬美古镇既是广西的南疆边陲，远离中央朝廷统治中心，清政府的统治较为薄弱，又离越南较近，特别是扬美古镇的水运发达，可直达广东、香港等地，便于从国外购运军火，获取财力和人力的援助。如果在这一带夺取广西作为根据地，进可攻，退可守。再加上扬美古镇人的低调隐忍，在这里谋划全国的反封建起义，相对隐蔽且安全。

这些背景和条件，也启蒙和激发了包括梁植堂、梁烈亚父子在内的一大批爱国志士对民主革命的向往。梁烈亚越发意识到，想要改变命运，首先要改变自己的思想。腐朽没落的封建思想注定要被淘汰，只有学习先进的文化思

梁烈亚　扬美村村委会／供图

想，才能从根源上求新、求变，并且拯救中国。在扬美古镇成长的岁月里，少年梁烈亚不仅学到了知识，更重要的是，他学会了如何去思考和行动。

作为一个商业村镇，扬美人相信个人的努力，相信依靠勤劳的付出总会取得好的结果。少年梁烈亚喜欢到热闹繁忙的临江街码头上，他不是去看那些穿金戴银、雍容华贵的商人，而是去看那些来来往往的搬运工人。据说，连镇上原先穷困潦倒的黄屠户也靠着踏踏实实经营肉铺，一步步赚了大钱，盖起了远近闻名的黄氏庄园——这些事迹让梁烈亚更直观地感受到，只有脚踏实地、付出努力，才能实现自己的理想。

又有一次，古镇上发生了一场火灾，梁烈亚看到村民们互相帮助，共同扑灭了大火。这个场面深深地打动了他，他想，如果每个人都能为了共同的目标而团结一致，那么改变国家的命运也不是不可能的事。

随着时间的流逝，家教、读书以及与他跟各类外人的交往，渐渐塑造了梁烈亚敏锐、刚韧而又儒雅的个性。在扬美古镇纯朴的民风和父亲温和谦恭性格的影响下，梁烈亚养成了尊老爱幼、诚实守信的传统美德，更在日常的生活中，体会到了团结互助的重要性。这些品质，使梁烈亚在未来的革命活动中，逐渐成长为一个善于感召人心、团结同志的领导者。

后来，15 岁的他跟随父亲梁植堂从扬美古镇到了越南，后又求学于南宁、上海的几所学校，这些经历为他打开了全新的视野，使他深深地认识到当时国家落后的原因，以及实现国家富强必须推翻旧有的体制和思想、拥抱民主与科学的必要性。

成年后，当梁烈亚离开扬美古镇、踏上革命的征程时，他的心中早已种下了推翻清政府残暴统治、实现民族复兴的坚定信念。这份信念，正是他在扬美古镇的生活中，一点一滴积累起来的。

1907 年，梁烈亚在孙中山的亲自监誓下，加入了同盟会。同年 9 月下旬，黄兴遵照孙中山的指示，冒着生命危险潜入扬美，召集广西革命志士举行军事会议，画下“立足南宁、推翻清廷、创立民国”的宏伟蓝图。

梁烈亚在《镇南关起义回忆录》一文中，以一位镇南关起义亲历者的身份，描述了黄兴莅临扬美筹划起义的过程。他在回忆录中写道：“黄兴、胡汉民等重新订定起义后之军政大计，约略如下：（一）分水陆两路进军，水路由龙州（现龙津县）下达太平府至三江口；陆路由凭祥、宁明、上思至宣化属的迁龙司、大塘，会合十万大山、钦州各地的民军袭取南宁……（二）取得南宁后，即建立中华国民军军政府，以孙中山、黄兴为正副大元帅，宣告中外，并行使军用券。（三）在南宁、武鸣、上林、贵县、太平、果化、平马、隆安、钦、廉等地广招民兵入伍，扩大武装力量。（四）由南宁分兵袭取桂林、梧州，入湖南、江西、广东，与各省革命军汇合，推翻清廷，建立民国……上项计划的关键，一着是在取得南宁。为此，又于九月下旬，黄兴偕同王和顺、黄明堂、关仁甫、梁蓝泉携带款项到左江下游的扬美村（在三江口上游，扼左、右江三角水陆交通），在梁亚珠、梁植堂家召集进袭南宁路线上的各地同志，如黄简初、杜少庭、许四功、黄百良、陆醒、李十、蓝其宣等十数人商议，要在新宁州、隆安、上思、绥禄、永康州，集合往日壬寅、癸卯大起义之役的旧部，由梁植堂、梁亚珠、黄简初、刘辉廷、杜少庭指挥，大约有新旧枪六百余支，主要成分是民军。任务是扰乱清兵，等候镇南关、龙州方面之革命军开到，即出来响应，占领南宁。”

不幸的是，镇南关起义失败了，但梁烈亚一直得到孙中山的重用。1919 年，他担任孙中山的机要员，负责为孙中山翻译机要电讯。1921 年 5 月 5 日，孙中山就任中华民国非常大总统，他对梁烈亚说：“马君武奉命做了广西省省长，你也回南宁（邕宁）去做个县知事，共同改造广西吧。”

回到广西后，梁烈亚参与创办了《新广西日报》（南宁版），并兼任社长；1921 年 8 月至 1922 年 4 月，梁烈亚任广西省参议员兼邕宁县知事（县长），他在任期内，做了许多利国利民的事，深受老百姓的爱戴。

接任县知事的第三天，梁烈亚去清理监狱。他向狱内被关的人一一问话，凡是被冤枉的，立即释放；凡是因欠公粮的，经过查问和派员调查，证实是因田地卖给别人而交纳不起公粮的贫穷农户，立即释放，并宣布以后谁种田谁交纳公粮；对富户买田后还要穷人交纳公粮的，要富户赔还穷人所多交纳的公粮；对贩毒、吸鸦片烟及赌博的人，属穷人的责其检讨、承认错误，保证改过，然后释放。这一系列举措深得人心，群众到县政府放鞭炮，表示拥护。

梁烈亚还改变工作作风，坚持不坐轿。过去历任县太爷每逢外出都要坐进轿内叫人抬着，梁烈亚和当时的省长马君武一律不坐轿，所以深受群众的称赞。

1924 年至 1928 年，梁烈亚先后任广西国民党旅粤办事处主任、北伐军总政治部政治监察、安徽省电政管理局局长、山东省电政管理局局长，1982 年在上海病逝，享年 90 岁。

梁烈亚的一生，不畏艰难，勇往直前。他的故事告诉我们：无论是个人还是国家，真正的成长和变革，都需要内心的觉醒和不懈的努力。而这一切，正是他在扬美古镇的日子里培养出来的。

魁星楼里的筹谋

扬美古镇的东北角、扬美村小学校园中，有大名鼎鼎的魁星楼。魁星楼于乾隆元年（1736 年）始建，道光二十年（1840 年）重建，由于外形像帝王的玉玺，又被人称有“帝印”之相。

抬头仰望魁星楼，圆窗顶匾上书“魁星楼”三个金字，

魁星楼　尹庆南／摄

整栋房屋属砖木结构，青砖、蓝瓦、红檐。《扬美村史》记载，其主体楼高 15.3 米，楼前底部长度恰好与楼高相等，深为 11.66 米。外观看是两层，实际是三层。三楼是小阁，整座楼呈方形，上小下大，是方圆数百里独一无二的清代阁楼式建筑物，是学者们观星望月、讨论学问的地方，故常有书生在此处研读、作诗。

魁星是道教中主掌文章兴衰的神。扬美古镇自古重文教，魁星楼向来香火不断。在每年二月初三文昌帝君生日时，这里会举行“文昌会”。许是魁星楼之神保佑，扬美古镇明清两代确实人才辈出，仅进士就出了 6 人，更有 11 位举人和 30 多位贡生。

登楼，内四根木柱与二楼衔接，直通三楼。二楼正面

魁星楼的蓝瓦、红檐　李德康 / 摄

魁星楼上的方圆窗　陈梓／摄

开一叶方窗，三楼正面是小圆窗，直径约一米。魁星楼的结构很特殊，二、三楼窗户上半截是方形，下半截是圆形，这样的建筑结构，使整座楼容易产生共振，回音极好。一楼内塑有关公神像，栩栩如生；二楼文帝塑像活灵活现、惟妙惟肖，故人们又称此楼为“文昌阁”；三楼则有魁星神像立于其中，他右手拿笔，左手拿书，右脚提似踢斗，左脚踏在鳌头上，一副独占鳌头之神态。人在上下楼时，会带动楼层的木地板，从二楼登梯而上，梯动回音。同时由于视觉的移位错觉，梯子动，似乎魁星笔就会动，似在书写；人一停步，笔随即停，状似神思。

同治壬戌年（1862年），广西清代解元梁德显于魁星神像顶上之横梁题写“文明”二字，并临窗吟诵出“文阁登临望紫霞”的诗句。

梁德显出生于1840年，其祖辈原籍广东肇庆府高明县亲仁乡范州都陈等村，后迁居广西，落户扬美圩。梁德显天资聪慧，自幼勤奋好学，在扬美圩自古流传的研经读史的文风影响下，学业精进。束发之年，通过广西省学政主持的院试，成为生员。清同治元年（1862年）九月，梁德显赴桂林府参加广西全省“大比”（乡试），在三场考试中得心应手，最终夺魁，为乡试的广西第一名（即解元）。同年，梁德显在扬美魁星楼的魁星像顶留下这块题写着“文明”二字的横匾。梁德显将笔意、心意凝于“文明”二字，意在激励家乡子弟读书上进，修业明理，弘扬儒家化育之风。

后来，梁解元在魁星楼内讲学授徒，各地慕名而来的门生很多。几年后，梁解元教授的弟子考上榜的不少，因而名噪宣化。时人称道:“上不高杨（扬）美，下不高亭子。”即指读书方面上河的比不上杨（扬）美人，下河的比不上亭子人。

可惜，梁德显止步于解元，进京参加全国考试（会试）后，由于未能金榜题名，觉得辜负了父老乡亲的殷切期待，无颜回乡，遂流落京城，不知所终。

魁星楼有很多复杂精致的木梁和雕花窗棂，木梁上的雕刻带着几分金黄，像是经历了无数个春秋的古老故事。而窗棂上的花纹，在落日余晖的照耀下显得格外神秘，似乎在诉说着发生在这里的绝秘故事——

1907年10月，广西会党首领黄兴、黄和顺、黄明堂，先在梁植堂家开会，后转移到魁星楼继续开会，部署镇南关起义及桂南各地推翻清朝的革命武装斗争事宜。在魁星楼的一张四方形的大桌上，他们正在策划着反抗清朝封建统治的大计。那夜，注定要承载一个秘而不宣的议题——起义。楼外虽已入夜，楼内却灯火通明。四个挺拔的身影围坐一处，他们是同盟会的精英，肩负着推翻清朝、建立民国的重任。

此次集会，没有孙中山的身影，他正在外地秘密指导起义，但他的心与这里的每一个人紧紧相连。

黄兴，作为起义的策划者，坐在主位。他的旁边，是梁植堂，还有王和顺、黄明堂。他们的目光坚定，眼中闪烁着革命的火焰，仿佛要将腐朽没落的清帝国付之一炬。

梁烈亚在全神贯注地写着什么。灯光闪烁，屋内微凉，在场每个人的脸上都写满了坚毅与紧张。他们将密会地点选在魁星楼，不仅是因为这里地理位置隐蔽，还因为这里有着极好的视野，可以及时发现异常情况。

魁星楼的每扇窗户都紧闭着，仅可以透过窗缝的微光，窥视外面宁静的街道。此时，扬美古镇的家家户户都已入睡，天空中的飞鸟也停留在了江畔歇脚，鱼儿静静地漂浮在左江江面上，唯有这群革命党人的心跳在与时间赛跑。

随着时间一分一秒过去，有关镇南关起义的计划逐渐成形。每个人心里都明白，这次行动成功与否，不仅关乎每个人的生死，更关系到中国革命的未来。紧张的气氛中，大家的心更加紧密地凝聚在一起，他们的眼神中流露出坚定的信念和不退缩的勇气。

这一夜，他们在魁星楼上的秘密集会，成了革命历史上的一个传奇。

中国同盟会的领导人、革命先行者孙中山和黄兴等先后抵达河内策划镇南关（今友谊关）武装起义。活动在镇南关至那模一带的游击首领黄明堂和几百名游勇接受孙中山指挥，成为凭祥地区一支反清骨干队伍。

1907 年 12 月 2 日黎明，同盟会会员黄明堂、关仁甫、何伍、李佑卿等奉命率领革命军 100 多人，携带快枪 42 杆，身佩短枪、马刀等武器，沿着山背小道偷偷袭击右辅山顶炮台，守兵百余人略事抵抗，即相率投降。

革命军占领炮台的消息传出后，农民群众和散兵游勇纷纷前来投靠革命军，革命队伍迅速发展到四五百人。次日，清军开到，发起攻击，孙中山亲自开炮轰击敌人，为伤员包扎伤口，使义军深受鼓舞。清政府极为惊恐，广西巡抚张鸣岐、边防督办龙济光、陆荣廷等，督率清兵 20 多个营围攻右辅山炮台。由于清军大量增兵，加上革命军武器弹药短缺，补充困难，后援跟不上，形势十分危急。经过七昼夜的激烈血战，起义军终因众寡悬殊，弹尽粮绝，被迫撤退，梁植堂也不幸受伤牺牲。

镇南关起义虽然失败了，但点燃了“倾覆清廷，建立民国”的火把，沉重打击了清政府的统治，鼓舞了各族人民的反清革命斗争。魁星楼墙上挂着很多人物头像图片，他们都是扬美革命党人在反清起义中牺牲的烈士。在这魁星楼上发生的“刀尖上行走”的故事，将永远激励着后来的人，要为了自由、为了正义不懈奋斗。

商海词话

▼繁华映沉浮，商贾写春秋。

水运繁忙建码头

码头又称渡头，是海边、江河边专供乘客上下、货物装卸的建筑物，是一条由岸边伸往水中的长堤，也可能只是一排由岸上伸入水中的楼梯，通常见于水陆交通发达的商业城市。除基础功用之外，还可能是吸引游客及约会集合的地标。

中国码头的历史，可以追溯到秦汉时期，码头的发展与航运紧密相连。中国历史上形成了众多的码头，而水码头最为发达，这与中国具有丰富的水资源不无关系。

人类很早就和江河建立了联系，《周易》中有“刳木为舟，剡木为楫，舟楫之利，以济不通”的记载。人类文明初期，由于生产生活离不开水资源，许多文明都靠近江河发展，这为码头的形成提供了基础。

唐宋时期，随着中国经济中心的东移南迁，长江流域的经济活动开始增多，川江航运发达，码头文化也开始繁荣。明清时期，码头规模扩大，功能完善，不仅用于物资运输，还具备了仓储、转运等功能。例如，武汉作为长江中游的重要码头城市，逐渐繁荣兴盛，形成了独特的码头文化。

扬美古镇三面环江，形如半岛，地处左江下游，扼守左、右江三角水陆交通要道，不但水运便利而行，还是古代重要的水路交通枢纽。古时，左右江流经的扬美古镇水运发达，沿左江走，上达扶绥、崇左、龙州，下经三江口（左江、右江、邕江交汇处）转入右江河道，可到隆安、田东、田阳、百色等地；沿邕江顺流而下，则可至珠江流域中下游地区的南宁、梧州、广州、香港等地，又与越南较近。

从扬美顺游下至南宁，水路半日可至；自南宁上扬美，则需一日有余。因交通便利，扬美便成了往来商船与生意人极好的歇脚之地，被学者称为“西江水道上活态的清明上河图”。

从宋代开始，官方与民间商贸就在扬美一带活跃起来。据《扬美村志》记载，为了保护商贸安全秩序，朝廷在此设立了巡检司。巡检司属于差遣性质，除带领士兵防范和抓捕盗贼外，还维护盐茶生产和运销秩序，保证官船运输和行人安全，为过路航运官船的到达和离开时间批书印纸，并巡捉走私违禁商品等。也就是说，巡检司除了维持地方治安，稳定基层社会秩序，维护国家的经济利益也是其主要职责。巡检司后来被元、明、清三朝所沿用。

如明代方瑜纂辑《南宁府志》载有“杨美圩”，可见“杨美（扬美）”一地借着“渡口经济”发展商贸，愈来愈繁荣，已形成圩市。就在这一时期，众多广东商户为了方便贸易往来，涌入广西各地定居，其中包括扬美村。广西流行的民谚“无东不成市”，就是从那个时期开始的。

到明嘉靖年间，当时的扬美古镇，水驿发达，“杨美渡”（扬美渡）就是南宁府有名的渡口之一。水运繁忙，使扬美也成为陆通商口镇、重要圩镇。四面八方的商旅聚集于此，也使扬美成为左江沿岸著名的大圩场之一和商品集散地、交易地、存放中转地。明代中期起，扬美便被开辟成为距离邕江源头最近的码头、商埠。扬美先民在左江右岸长约 2 千米的岸边，修建了众多码头津渡，让客船、商船方便停泊。

至清乾隆年间，在陆路尚未发达的岁月里，扬美古镇独占水路优势，再加上靠近东南亚，便于对外交流，商船来往越来越繁忙，码头也越建越多。

1887 年，龙州开放后，广西与越南的贸易多经水路运往南宁中转。1884 年，开始有半机动的船来往于南宁和龙州之间；1897 年，开始有电船由梧州驶往南宁，商品由梧州运往南宁转销云贵……而这些由南宁往返各地的船，无一例外，必经扬美。

清光绪二十七年（1901 年）五月二十日，英国驻广东副领事乘炮舰“山枇杷”号由梧州驶抵南宁。七月，广西巡抚黄槐森向清政府提出奏议，请求准许南宁自行开关通商。清光绪三十二年（1906年）十一月十七日，清政府宣布南宁埠正式对外通商。清光绪三十三年（1907年）一月一日，南宁正式开关；二月十九日，南宁海关正式办公，这是南宁与外国通商之始，亦是清代历史上第一次主动将本国内河商埠对外开放；五月，南宁海关码头开始设立水文观察站；六月十七日，德国商舰"青岛"号由梧州驶抵南宁，在邕停留月余。

南宁与外国通商，进一步带旺了扬美码头，最兴盛时，在扬美古镇沿江码头停泊的商船同时可多达三四百条，有时停泊的船只一直排到上游的下楞村附近。

码头林立时，扬美古镇当地人梁启彰甚至代理官府征收钱粮事，俨然成了左江流域的"冬头"。每年近冬，各户要向官府交粮纳银，负责落实该项工作的代理人同时也是责任人就叫"冬头"。

当时，梁启彰拥有一艘钱粮大渡船，每隔三日便从扬美发往南宁府城一趟（至城当日即返回），每次载货物二三万斤，搭客多至百人。船上除装载从左江流域征收的官粮、官银外，还从南宁府城载货、运客回扬美。

梁启彰的钱粮大渡船有一个特权，那就是从扬美东航邕江，到达南宁府城时，可以停泊在指定的官方航运、货运码头——白衣庵码头（今南宁市江北大道西北门外邕江岸边一带）。当时的码头船户密集，凡客船、货船到后，皆在江中排队，无法直接靠岸。而梁启彰的钱粮大渡船却可

曾经繁忙的码头，今天停泊的小船屈指可数　昕悦／摄

直接禀告当地知县，无须排队，直达码头，直接停泊。当地知县除在白衣庵码头张贴钱粮大渡船“优待公示”外，还发予梁启彰盖有官府大印的公文，让钱粮大渡船万一遇到拦江检查或被其他船挡路时，梁启彰可以立即亮出公文，安然过关。

当时，梁启彰的钱粮大渡船“耀武扬威”，一路直航。到南宁府城的白衣庵码头附近，江面群船皆唯恐避之而不及。扬美梁氏钱粮大渡船因拥有官方特权，生意越做越大，其后人又添置了一艘新的大船，与旧船同时开航，成为商海“巨无霸”，携扬美古镇之名，威震四方。

据《广西航运志》记载，清嘉庆至民国的100多年间，在邕江上游下楞至下游长塘之间，相继建成码头49处、津渡33处。码头成为当时南宁经济发展不可缺少的设施，仅光绪年间每年由北海运抵南宁转口销往内地的货物，估值二三百万银圆。

据《扬美村志》记载，扬美古码头有8处之多，分别为新街码头、临江街尾码头、小湾码头、金马码头、那晚码头、梯云码头、杜屋码头和龙船码头。

新街码头位于振兴街南面200米处，又名新街埠，建于清代末年，民国初年最兴盛时，停泊的商船多达几百条，有时停泊的船只一直排到上游的下楞村附近。当时出入扬美的货物，多从此埠上岸或者装船，由此也养活了一批村外到此揽活的船工、搬运工。

关于临江街尾的古商埠码头，即大湾码头，扬美诗人杨翰燃编撰的《扬美古镇历史》中记载，清道光四年（1824年），鼎建大湾码头（古商埠码头）及四方岭圩路，由乡干配合村中老人策划从事，拿出老人所收乡妆碎金行（番滩）滩位租、公称收入、横渡收入、庙堂收入、茅垌收入以上五项所得之款，加上由老人募捐所得款项，到太平府买石，群众出力搬砌。大湾水深且水流缓慢，是理想的停泊之所。码头有左右两个台阶，相传当年分为左边上、右边下的“单行线”。码头全部用沙石条铺成，宽3米，共有88级台阶，也许当地人是以“88”对应“发发”。《(民国）邕宁县志》中还记载：“在扬美段文烈侯亭左，石阶七十余级，高七丈余，阔八尺有奇。距离水面涸时七丈余。”由此可见，该码头原本只有“石阶七十余级”，经多次重修后，石阶才达到这吉祥数字的。

岸上的圩头市场是古时扬美的大集市，大小商贾，往来船只都云集于此，一派热火朝天的景象，交易的货物经此码头进出市场，装卸船只发往四面八方。

原设在细湾的细湾埠（小湾码头），曾是与大湾码头并称的扬美主要货运码头，1922年以后被废弃。

金马街码头，又称金马埠、金马码头，是扬美古镇当时最中心、最繁忙的码头，其地理位置的重要程度毋庸置疑。该码头建于清道光年间，其兴盛期延至清末民国初。这里原是金马街和临江街居民挑水、洗衣、洗菜的主要地点，后来因为来往三角市做买卖的人不断增多，才逐渐变成一座商用码头。不过，由于停泊在这里的多为扬美本地船只，所以来得快走得也快，而且大多是在早晨泊船卸货。

四个小码头即那晚码头、梯云码头、杜屋码头和龙船码头。最为著名的是梯云码头，因《扬美梯云码头碑记》而为人所熟知。梯云码头经重新修整，石阶、古碑犹存。旁有木栈道，方便游客观赏江景。《（民国）邕宁县志》载："梯云码头，旧名梯级，在城西一百里扬美圩。民国四年，乡绅梁运德倡建，石阶一百一十余级，长百丈，广二轨，距离水面（冬春涸时）一十余丈。两旁劈大路二，砌方石墩六对，高十余丈，阔一丈有奇，亦一伟大建筑也。邓知事沁记，易今名。"今镌刻南宁府宣化县知事邓沁所撰碑记的巨石仍在，但六对方石墩已不存。

1915 年 5 月，广东省治河处和广西有关当局，派出 12 名工程师，会同由民国政府请来的英国工程师葛登，勘测梧州—南宁河道。

南宁周边的口岸开放后，也带动了扬美江边商埠的发展，到了民国时期，扬美古镇更是成为码头林立的江边商埠，在地方贸易中发挥着"群镇之首"的作用。左江上游地区的崇左、龙州等地以及扬美周边农村的土特产，主要经由扬美销往南宁市区，而广州、梧州、南宁等大中城市的工业制品，也较多通过扬美分销到周边的农村市场。

1922 年以前，从外地贩入扬美的耕牛、菜牛大多从龙船码头上岸，故龙船码头又被称为“牛埠”。20 世纪 50 年代，扬美周边的公路修通之前，金马码头和龙船码头一直是扬美村本地船户水上运输的主要枢纽，也是当地农副产品和外地工业制品的主要输出地和输入地。

《(民国)邕宁县志》中还记载了四巷埠码头、北隅码头、滩底上码头等码头，今已不存。文中说：“北隅码头，在扬美段扬远岭村对岸马村，清咸丰一年正月建，光绪十年十月、十五年十一月俱重修。石阶六十余级，高三丈，阔一丈，距离水面三丈余。下有扬美横水渡船，规归本段公益。滩底上码头，在扬美段鲤鱼岭尾，创建重修年月无考，石阶存者十余级，高三丈余，阔五尺，距离水面三丈余，船舶颇众，有横水渡船，渡有规费，近年钱粮大渡船，改泊于此。滩底圩渡正码头，在扬美段总水口坑下，创建年月失考，清光绪十三年重修，高二丈余，阔八尺，距离水面二丈余，长二十余丈，皆铺垫以石，在前钱粮大渡船泊于此。”

20 世纪 90 年代末以后，由于陆路、铁路日益发达，这里的码头基本弃用，曾经繁忙一时的八大码头也都归于宁静了。

街道遍寻禁约碑

走进有 1600 年历史的扬美古镇，读懂古镇的商业理念与文明风尚，恐怕要从一块块禁约石碑开始。

禁约碑刻是扬美古镇商业文化的重要组成部分，碑文浓缩了千年古镇的政治经济、商业贸易、民间风俗以及历史文化等，具有“贞石存史”的珍贵价值。

扬美古镇现存 15 块古碑，4 块为清代禁约碑。扬美古镇的禁约采取勒石立碑的方式谕示，分为官府禁碑和乡约禁碑两类。

官府禁碑最有代表性的是《奉部督抚藩臬各大宪批示》。在封建社会，老百姓不但要交纳赋税，还要听从官府调遣，从事夫役。清嘉庆五年（1800 年），御史、广西思恩府上林县（今南宁市上林县）人氏张鹏展深感广西官场积弊丛生，百姓苦不堪言，便不顾朝廷禁止现任官吏干涉本籍地方政务的规定，上《奏请严禁滥役以奠边民疏》，疏中称，清政府在乾隆五十三年（1788 年）出兵绥靖安南之后，民众仍然背负战时差役之事。战争结束多年，当地各级官府仍然相沿承袭，派拨民夫为官衙当差，充当免费搬运工，民夫风餐露宿，叫苦连天，有的人放弃田宅、背井离乡，以逃避过多的差役。

张鹏展的奏折在官场引起震动，并引起嘉庆重视，命将其疏下部议。兵部（汉）尚书张若渟、兵部（满）尚书傅森就其中弊端做出批示，命广西当地免除战时差役。两广总督觉罗吉庆、广西巡抚谢启昆、左江兵备道道台慧林、南宁府知府湍东额、行宣化县知事（代理知县）高廷枢均应允清查夫役中的违法行为，禁革一切超出原定法例的弊端，还广西民众安耕营生的自由。

尽管广西各地今存十几通关于禁革夫役的官禁碑，但今存扬美古镇的《奉部督抚藩臬各大宪批示》是由清政府兵部颁布的禁令，行政级别最高。此碑今存于扬美村魁星楼前。

而乡约禁碑则分别从市场商贸、传承孝义、夫役捐资等方面，对当地村民做出禁令和约束。扬美最有名的村规民约当数位于振兴街的《通乡士庶设立禁约永远碑记》和位于钟馗庙旁的《街巷众议禁约碑》，这两块保存完整的清代禁约碑在广西乡村实属罕见，是研究广西传统乡约法规文化不可多得的文物，至今依然对当地民风产生着深远的影响。

禁约条文根据扬美当地生产生活的实际情况，由村民代表呈报官府后批立，反映了老百姓的要求和意愿。立于振兴街的《通乡士庶设立禁约永远碑记》为清嘉庆十九年（1814 年）刻记，是经由乡民公议定出的六条有关圩市经营的禁约，内容包括屠宰、地租、零售、公秤、客商歇宿、铺面、摆卖、街市通行等圩市经商者的行为规范。

《通乡士庶设立禁约永远碑记》详细内容共有“六议”，其中最醒目的一条规定是：“圩市所有一切屠宰，无论皮肉下水，不得灌水、搭骨、喂盐。如有灌水、搭骨、喂盐，实有害人，任从本乡、外乡人等获捉，众议罚银三两六钱正归庙。其秤务宜司马，如敢违抗，呈官究治。”

另“五议”为：“一议圩市中所有往来生面可疑人等歇宿，圩长务宜不时严查，不得徇情。一经察出，为圩长是问，呈官究治。一议圩市中地所狭窄，自后各铺前后左右不得再加起造房屋及搭篷厂、茅寮，占出圩行。如敢抗违，众议拆毁之外，罚银三两六钱正归庙。一议圩市各铺前面不得堆积木股，致碍圩市。如违罚银三两六钱正归庙。一议圩行原系众地，所有铺面空处，任从摆卖货物，不得私收地租钱文，致干法纪。一经察出，呈官究治。一议自后历任乡保务宜照碑竭力办理，不得徇情。如有徇情，不得支费渡银。”

碑后特别注明：“以上所议条例，系通乡公议勒石之后，不得私将字样毁坏，糊乱乡禁。一经察出，罚银十两外，臣官究治。如有呈究，所用盘费，具在乡银支用。各宜踊跃遵守，俾得乡境清平。嘉庆十九年八月吉日立。”

禁约碑　陈梓 / 摄

扬美古镇当时的圩市设有圩长、乡保。圩长的职责是严查“往来生面可疑人”，保证圩市安全，乡保“照碑竭力办理，不得徇情”，以此保证圩市秩序公平。

在碑上，商品质量、合同签订、付款方式、违约处罚、税收治安等一系列规定俱全，俨然一套规范的清代工商管理规章制度。

200 多年前的碑文，正文 400 余字，浅显易懂，细细读来，这样的规定不仅体现了扬美古镇人自古以来对安全生产、诚信交易、营商环境的重视，也映射出扬美古镇对公共事务的自我管理能力，即使在今天，亦有先导性和借鉴意义。

《街巷众议禁约碑》为道光十四年（1834 年）所立。主要内容有十议：“一议禁街巷内，如有奸拐妇女，强抢财物，并窝藏匪类，查知捉得，呈官究治，逐出境外。二议禁街巷内，如有偷牛盗马，财帛器物，查知捉得，笃仓管填装又罚银三两六归众。三议禁街巷内，如有窝赌烟引，诱子弟私买贼装，勾串外匪，查知捉得者，众议重罚。四议禁街巷内，如偷田禾塘鱼，瓜菜猪鸡，茅草灰粪，屋外杂物，查知捉得，经众议罚。五议禁街巷内，如更深月暗，夜行入巷，供要明火，出声，如违查问，来历不明即作贼论。一议约街巷内，如有子弟忤逆不孝为父兄，请众老重责，如媳妇辱骂翁姑，重责子弟。二议约街巷内，如为田土归因不平之事，先经明阖理论，不得兢行争斗，以滋讼累。三议约街巷内，如遇外匪攀连，阖众约议，如系良善者，保举若匪类者攻结，不得徇情。四议约街巷内，捉得拐带盗匪类，经明街巷约议，不得徇私卖，查知罚银加倍。五议约街每年县酌少长咸集，申明禁约，不得妄言躁语，侮慢尊长老成，如违众议重责。”

《街巷众议禁约碑》记录了认为必须遵守的基本规则和价值观，教育和治理了民众。碑文中的“十议”禁止了包括偷牛盗马、奸拐妇女等行为，同时，倡导尊敬长上、和睦乡里，规范了乡民面对疑难杂事的处理方式。

禁约碑背后的深意是它不仅仅是历史的记载，更是一种生活的指南。通过这块碑石，扬美人民学会了如何通过尊重和理解来处理生活中的困难和矛盾。禁约碑上的内容，除了促使商家讲究诚信，还促进了村民之间的相互尊重、和谐共处。诚实守信，不仅是商贸活动中的重要品行，也是日常生活中同样重要的道德准则。

一块块禁约碑，塑造了扬美古镇的民风，体现了扬美古镇人敬重坚持法理、敢于直言、伸张正气的秉性和对和谐和诚信的无比重视。这份传统，像古镇上古老的石板路一样，历经岁月洗礼，依旧坚固。

在禁约碑前，当地人说，扬美的每一块石碑、每一段历史、每一条规约，都是我们共同的财富。它们让我们不忘初心，指引我们在提升自我道德的路上前行。

2019 年，扬美村人大代表联络站的南宁市人大代表在市十四届人大四次会议上提交了《关于要求加快江南区江西镇扬美古镇保护和管理立法工作的议案》，议案拓展和健全了扬美人更加有序参与立法、表达意愿关切的途径和形式，将践行全过程人民民主贯彻到了参与立法的各环节，凝聚合力，绘就了地方立法的民主底色。

扬美村人大代表联络站点把调研会开到当地老百姓身边，让老乡广泛参与立法，提升立法的宽度。立法与民意得以同频共振。同时，设置意见征集箱、立法信息采集点，打通了立法民意征集的“最后一公里”。

人大代表联络站点还根据古镇保护的特点召开专题座谈会，组织基层一线执法人员、文化和法律方面的专业人才等，广泛听取各方面专业人士的意见建议，提高了立法的针对性、精准性。当立法征求意见会开到古镇古建筑的产权人家中，走家串户俯下身子征求意见、倾听建议，一起算清楚古镇保护的“权利账”时，在潜移默化中，立法的过程转变成为普法的过程。

2022 年 5 月 1 日，《南宁市扬美古镇保护管理条例》（以下简称“条例”）正式颁布施行。条例对扬美村规民约进行了修订完善，在村规民约中新增 7 条有关规范村民行为的内容，明确了 19 项禁止行为，有效衔接和完整保留了扬美古镇禁约的根基和灵魂。同一年，扬美古镇获评 2022 年度全区优秀村规民约村。

在扬美古镇的街巷行走，能感受到这些古老规约的影响。当地人说，今天的扬美古镇，一些商户在开业之时，老板会带着员工在店铺前诵读碑文内容，在来往旅客、消费者的注视下，举起手郑重宣誓。遵守乡约的行为延续了百年之久，凝聚了扬美古镇人世代相传的精神，使得扬美古镇至今仍保持着“夜不闭户、路不拾遗”的社会风气。

在扬美古镇，偶尔会碰上这样的事情：经过一处商铺，一个卖豆豉的店家，与旁边卖槐花茶的店家起了小冲突。原因似乎是卖豆豉的商家不小心占用了隔壁卖槐花茶的摊位，两个商家各执一词。这时，一个路过的村民朝他们劝解说：“别吵啦，我们告诉八姑了。她一会儿就来，有话，就在八姑议事堂上说吧。”

八姑议事堂　陈梓／摄

八姑原名梁彩丽，因在家排行第八，故有此称呼。她并没有第一时间进行调解，而是先问一方："你家的豆豉最近卖得怎么样？"听到梁彩丽这么问，卖豆豉的老板火气消了一半，他说："最近的豆豉卖得还可以。"紧接着，梁彩丽又扭头问卖槐花茶的老板："你呢？槐花茶卖得怎么样？"另一方看上去怒气也消了不少，回答道："还行，还是老样子。"梁彩丽从旁边搬出三把椅子，分别放在二位老板身旁。随后，她在两人之间坐定，面带微笑地说："大家的生意是要照常做的，日子也是要和和气气过下去的。一吵架，把顾客都吓跑了，生意怎么做？看到你们脸红脖子粗的样子，谁还敢靠近呢？我们要和气生财嘛。"梁彩丽说完，两位老板冷静了下来。随后，梁彩丽才开始调解工作，询问事情的缘由，恢复理智的二人很快就将整件事情的来龙去脉说清楚了。

原来，当天早上卖槐花茶的老板想睡个懒觉，出摊晚了一点，卖豆豉的老板见隔壁店铺日上三竿了还无人来，以为他当天关店休息。那段时间正好是豆豉制作生产的黄金期，店里的货物堆得满满当当无处可放，豆豉店老板就将一些商品摆到了槐花茶摊的摊位上，等槐花茶老板来出摊，发现自家摊位上摆着豆豉，这才产生了误会。

梁彩丽牵起两位老板的手，并将他们的手握了起来。梁彩丽对卖豆豉的老板说："你有多少豆豉没地方放？我家刚好最近有亲戚来串门，我全买了，到时候送给他们！"

一场激烈的冲突，就这样在欢声笑语中皆大欢喜地化解了。

梁彩丽说，扬美古镇人通过修订村规民约，建立了八姑议事堂用于解决邻里之间的矛盾，是以在不伤和气的基础上解决问题为目的。

自古以来，对土地的争议一直是基层治理工作中的老大难问题。古有田地冲突，现有摊位之争，禁约碑上写明："如为田土归因不平之事，先经明阖理论，不得兢行争斗，以滋讼累……"强调通过对话而非争斗来解决问题，展现了扬美古镇人遵循"无讼和合"的价值取向，而八姑议事堂就是这种法理精神的产物。

禁约碑和八姑议事堂不仅是法律和道德的结合体，也是扬美古镇社会治理和文化传承的象征。尽管乡约与国家律法在约束力度和执行手段上有明显区别，但两者之间并不冲突，而是相辅相成。

在扬美古镇，乡约成为每位村民的"习惯法"，充分发挥了道德在精神和社会层面的约束力量，维护了古镇的秩序和道德的构建，对提升古镇人的道德水准起到了积极作用。国家律法用制度的力量，既保证了公民的权利，又告诫公民不要触碰法律底线，是道德约束向民主法制治理的文明进步。扬美古镇"德治、自治、法治"的有机融合，为落实古镇文明机制、文化机制形成了保护合力。如今的古镇人说若是不小心丢失了东西，他们也完全不用担心，因为失物很快就会回到手中。每户人家的门口，都打扫得干干净净，且都挂着一块小红牌。红牌上的五星画得越多，就表示主人家做的善事越多。这种风俗是从明嘉靖年间流传下来的。

五叠堂的“财富密码”

要说扬美古镇当初有多富有，到五叠堂去看看就知道。五叠堂坐落于扬美古镇解放街 37 号，始建于清嘉庆

一进比一进高的五叠堂　昕悦／摄

年间，坐北朝南稍偏东，硬山顶砖木结构，共五进四天井，其中第五进有两层。

五叠堂最近住的是73岁的杜乃焕，五叠堂是其先祖杜绍桐所建。杜家善于制作豆豉，做出的豆豉又黑又香。扬美豆豉与扬美沙糕、扬美梅菜一道，被称为“扬美三宝”，五叠堂的扬美豆豉因其味道纯正而深受人们喜爱。杜家一直制作、销售豆豉，做生意时讲究公平交易，从不缺斤少两，五叠堂的女主人还每天煮好粥，炒好小菜，招待那些远道而来的客商。逢年过节，他们还常常把自己做的酱油和豆豉送给邻里街坊，在古镇成为美谈。

后来，五叠堂的豆豉生意越做越大，业务拓展到了广东、东南亚一带，扬美豆豉也因此享誉各地。杜绍桐还被赐予“五品兰羚奉政大夫”，以前五叠堂第一叠的门梁上挂有“大夫第”的牌匾即是证明。如今，五叠堂里依然挂着好几块“获奖证书”，全与豆豉有关，可见五叠堂世代相传的豆豉制作手艺多么正宗。如今，五叠堂的后人大多已外出闯荡，只留下了不复往日荣光的五叠堂。

财富体现在建筑上。五叠堂的风格，承载着清代建筑的风采，雕花门扇、华美门楣、宏伟影壁，每一处都散发着一种艺术的精髓和历史的韵味，让人真切感受到了中国古代民居的独特魅力。

一般来说，以前的大户人家，房子三进三出就已经很气派了，而杜绍桐建造的是五进四天井，青砖绿瓦，可想主人的富贵程度。五叠堂从南至北共五座房子，依序向上延伸。站在第一座房子的大门往里看，后一座房厅总是比前一座的高，但视野也慢慢缩小，到最后只能看到第五座房的一角。这“层层叠叠”的五间房便合称为“五叠堂”，一堂叠着一堂，故此得名五叠堂。据了解，当初之所以这样建，为的就是取“步步升高”之意。

走进五叠堂，环顾四周，见高高的屋顶、宽敞的房厅。里屋的每座房子，皆用坚固耐用的上佳木材——楠木建成，房柱和房梁在构造上也十分讲究，既牢固又美观，令人叹为观止。

窗户和阁楼栏杆也由楠木条组成，雕着各种精美的花形或几何图案，屋内的房梁周围，也雕刻着许多白底黑墨的图画，主题有“祥云在天”“青松白鹤”“牡丹绽放”等，取吉祥富贵之意。柱形棂子加工镂刻成连续的形状，使粗拙呆板的棂子有了线条弯曲变化。横竖棂子是在直棂式的基础上，在棂间有规律地嵌入粗短的棂子，构成同心方菱形图案，既增强了窗棂整体的稳固性，又增添了窗式艺术美感。

大厅左侧，立一大木柜，一格一格，近 20 格。据说，乃当年陈列各种票号之用，可想当年业务之繁忙。旁边的墙壁边，摆放一床一榻一茶座。按照礼制，古代的妻子每天要给丈夫“请安”，丈夫坐在茶座左边，妻子坐在右边。该茶座左边扶手雕刻着一条龙，右边扶手雕刻着凤凰，以此按性别定下座次。同时，在丈夫位置的身后雕刻着一只凤凰，象征着男人的背后有女人支持；妻子位置的身后雕刻着一条龙，象征着女人的背后有男人撑腰。相互扶持、帮助，就是五叠堂对于“家庭”含义的理解。

在五叠堂的第一个大厅里，屋梁、台阶、房檐、斗拱、照壁、神龛、门窗，被斜阳勾勒出浓浓的阴影，思绪也不禁被带到当年杜家在此做生意与生活的场景：来自全国各地的商贾为了进货纷至沓来，来往穿梭；长辈在宽敞的大厅中品茶论道，商讨家族经商大事；孩子们追逐嬉戏，充满了欢声笑语。一时间，五叠堂里热闹非凡、繁荣无量。

继续往里走，层层镶嵌的庭院之中，打开一扇扇门。越往里走，门就越小。据说，最后一进是老弱妇孺居住的地方，也是最神秘和隐秘的地方。进门处设有五道铁栅栏，是为了提高外人进入最内院的难度，是为了保护家族里弱者夜里不被侵扰，也体现了对居住于庭院最深处的老弱妇孺们的保护。这种设计，让人联想到《左传》中的“家门以防”，反映了古人对家庭安全和社会稳定的深刻理解。

反身出门，从里屋往外看，门框上方有“吉祥”二字，象征着出门吉祥、事事顺心。迈出门槛，从门外往内看，门框上方是“福寿”二字，象征着福寿进门、家宅平安，进屋就有福了。

五叠堂不仅仅是一座建筑，也是扬美古镇商业文化的缩影，是古人智慧与美学的结晶。一砖一瓦，一梁一柱，每个角落都充满了故事，每一处细节都透露出古人的生活哲学和美学追求。而“产品过硬”“厚道老实”“交易公平”“乐善好施”也成为五叠堂主人的“财富密码”。

扬美古镇以五叠堂等为代表的互相交融的商贸文化，吸引了更多不同姓氏的商人于此贸易往来，促进了扬美古镇的经济繁荣发展，使得扬美成为一个充满财富和故事的地方。

加工的生意经

《明清广西商品经济史研究》一书称，明清广西的圩市发展的水平颇不平衡，有些圩市商业繁盛，物品丰富，城乡商品交流频繁；也有一些圩市只是农产品交换和小商品贸易的场所。前者一般分布在桂东南和桂北，而后者多分布在桂西和桂西北。当时南宁宣化县的杨美圩，是左江重要的商品集散地，也是从南宁府水路至太平府的必经之地。杨美圩是一个货物转运集散之地，也是一个重要商埠，明清时期商业十分繁荣。据当地老人回忆，水运繁忙时期，古码头多达 8 座，以供船运货物及旅客上下。一处圩市有 8 座码头，可见客货运输的繁忙。8 个码头中有 2 座尤其宽阔，约有 20 米宽，大青石板至今仍光滑齐整。这么宽阔的码头自然是为适应繁忙的运输需要而建的。

吕俊彪在《财富与他者：一个古镇的商品交换与族群关系》一书中，从人类学视角考察了扬美古镇的市场体系及商品交换，并对扬美人及其周边村寨壮族人的生计方式、族群认同、财富观念以及社会整合模式等进行了比较，探讨了中国乡土社会的商品交换与族群关系。他认为，在从军事据点到商埠，再到村落的历史进程中，想象的祖籍、历史的记忆、自然资源状况以及当地人特定的谋生方式，奠定了扬美古镇商品交换的社会基础，构建了扬美人“独善其身”的财富观念。用扬美古镇人自己的话说，就是“很多时候宁愿断骨，也不愿破皮”。不管是在日常生活中，还是在生意场上，他们往往依靠自己，不去打扰别人。

那为什么扬美古镇会发展成为一个商业重镇呢？南宁市文物管理委员会的李文分析说：“主要从地理环境来讲，一是因为临江，南来北往的人多；二是因为这里的营商环境比较好，人人讲诚信；三是水运发达，从南宁到凭祥，再往越南方向，都有水路。以前明清时候一般都是以水路为主，临江街都是进出的人，人多，交易就多。”

明清以后，定居在那里的广东商人也以扬美古镇为交易点，从事农副产品、城市轻工业产品的经营。由于他们来自经济发达地区，商业信息较为灵通，在货源的组织方面有着许多壮族商人难以比拟的优势，因而生意做得比较大。

由于生在这样的环境中，天天与生意人打交道，扬美古镇人也变得富于商业头脑。他们往往不直接出售初级农产品，而是进行适当的加工之后才卖。比如木瓜、黄皮果、蔬菜等果蔬，扬美古镇人将其加工成咸菜、酸菜、梅菜等腌制品再卖。一些生意人家更是将农产品加工成豆豉、酱油、沙糕等具有一定技术含量的独特产品再卖。经过二次加工的产品往往可以卖得更好的价钱。慢慢地，扬美形成了以“扬美三宝”——豆豉、梅菜、沙糕为龙头，以酸菜、木瓜丁及各类果酒为辅的副食品加工业，这对于左江上游沿岸地区农村经济作物的种植有很大带动作用。

如今，扬美古镇当地的农副产品已多由外地商人直接进村收购，但扬美古镇仍是下楞、智信等邻村出售香蕉的主要地点。每逢圩日，这些村寨的村民，往往天未亮就或以船运，或以肩挑，将未能批量卖给外地老板的香蕉，运到三角市边上的香蕉市场出售，再由扬美古镇的商人进行加工，或在本地圩镇上出售，或将其贩运到南宁。

扬美古镇还因独特的民俗文化和传统手工艺加工而著名。清光绪三十二年（1906 年）至民国时期，扬美妇女多以纺织加工为生，几乎家家都有织女。扬美古镇妇女的编织工艺品包括绣球、中国结、迷你鞋，以及用关草编织的栩栩如生的小人儿、迷你扫帚，用木头雕成的小挂件等。

扬美古镇的商业、农业、食品加工业、纺织业等各行业之间联系密切，形成一条较为稳固的产业链。各街道之间、各行业之间，乃至各姓人家的生计方式之间，都有着某种自然形成的互补性，这种产业结构的特点，让扬美古镇成了众多城镇中功能齐备、圩市繁荣的独特存在。

圩市的繁荣带来了各类交易信息的发达和商品种类的丰富，使得邻村人要想买好的东西，都会到扬美古镇来。

因为附近其他圩镇的市场上，只有谷米、豆食之类的农产品，很少有城市里生产的工业品如洋纱、布匹等，而扬美古镇就有，由此可见这里举足轻重的商业地位。

以临江街为例，以“全民皆商”来形容民国初年时该街居民的从业状况或许有些言过其实，但经商无疑是他们首选的谋生之道。如今，一些住在临江街上的人，也都说他们的祖上以前是做生意的，很少耕田。临江街上那么多相对保存完好的精美古建筑，也被认为是临江街曾经富裕的一种证明。临江街结实宽厚的街道、两旁鳞次栉比的扁平青砖房屋、房屋外偶尔伸出的一两块斑驳的招牌与商号，似乎都见证了临江街曾经的繁华。

很多人更愿意以生计方式来区分临江街人与附近村寨人。在人们的想象中，临江街的居民更善于做生意，而邻村人则更善于耕田种地。对于临江街人的想象，与临江街的繁华以及临江街人家的富裕有着一定的联系。但值得注意的是，这种想象，是在临江街人与周边村寨人的比较当中，逐步建构起来的。

靠近镇中心的金马街，曾经是扬美古镇的商业中心。这条街道两旁是众多的古老商铺，门楣上刻着的招牌，展示了当时商家经营商品的繁荣景象。在街尾的一家店里坐下，我点了一份招牌菜：壮族酸汤鱼。在经过了一阵焦急的等待后，菜品终于上桌了。鲜美的鱼肉与口味独特的酸汤结合在一起，挥发出一阵极具诱惑力的香味，令人胃口

扬美人爱编织　陈梓／摄

大开。老板介绍说，他们在酸汤鱼中加入了本地最具特色的食材——扬美梅菜。这是扬美古镇人的生意经之一：自己配制食材，保质保鲜。所以，吸引了很多顾客。

梁家巷不远处的状元桥东，有一状元坊，改建于道光十年（1830 年），先辈杨元公是当地有名的酿酒师和各类酱菜加工师傅，其加工生产的梅子酒、木瓜丁和香辣豆豉等 20 多种土特产，远销广东等地及越南等国家，堪称行业

开在状元坊老宅旁边的特产店　昕悦 / 摄

状元，于是当地人赐名“状元坊”。此屋至今还住有后人，他们传承着老手艺，而且在其老宅旁开了一家店，店里面摆放着加工的各种类型的酱菜和酒，足足有四五十种，常有食客驻足品尝和购买。

八姑的扶贫车间

扬美古镇人的第二个生意经是经营范围广泛，而且诚信经营。如今，扬美古镇以休闲旅游产业发展为主，辅以小手工业、特产类加工，带动农业、手工业等产业发展。

临江街上，两三家装修风格清雅古朴的茶室正在开门营业。屋内设计幽雅，灯火柔和。从小巧的庭院内飘来曲艺之音，回荡在古镇小巷上方，缓缓流淌进每个来往旅客的心中，给扬美古镇增添了几分神秘与迷人。

无论是在哪条街上，你都可花 10 元钱买 1 斤花生。你会发现花生是晒得如此干燥，装在塑料袋里叮当作响，剥开来，每一颗都饱满芳香。你会想起当时卖花生的阿婆说的话：“放心，自家种的，不但保管够秤，而且还很干燥。这晒了几十个日头呢。”

“今天早上，我准备好的 50 份扬美沙糕很快就卖完了，剩下的豆豉、梅菜也很抢手。这些都是扬美特产，非常受欢迎。”金马街上的 70 多岁的杜阿婆说。她从事扬美沙糕制作已有 20 多年了。她说，扬美沙糕卖得最火的时候，一天能卖出近200份。

金马码头上，各种饮食摊点星罗棋布，既有火爆的油炸鱼虾蟹，又有清甜的菊花茶、豆腐花，码头入口处的小炒店里更是“一位难求”。老板说，他们店里卖的鱼都是当天早上直接从江中捕捞上来的，纯天然，很新鲜，而且都是10元左右一份，花钱不多，物美价廉。

金马码头与金马广场紧密相连，广场上时常会进行文艺表演，游客们可以一边品尝着美食，一边驻足观看节目。广场上还有售卖手工艺品的摊位，多是村民自己雕刻的小玩物，形态各异。大舞台上正举行着套圈活动，铁圈有些生锈，有游客随手一抛，就为孩子套中了一辆玩具小车，她不禁说道：“这里的圈还挺大的，不像其他地方，圈比奖品要小上一大圈呢！”引得围观的众人发出阵阵笑声。

扬美古镇人的善意永远挂在脸上，他们的生意经就像广场上售卖炸小鱼仔的小伙子叫卖的那样：“免费品尝一条吧，不好吃不要你的钱。”

以前，渔船返航后停靠江岸，除渔船外，码头还停泊着不少原本用来商贸的船只，后来它们被赋予了新的角色，成了餐馆酒楼的雅致宴席。许多游客选择前往水上餐厅就餐，一时间江面上烟火升腾，一派热闹的景象。再后来，为了保证沿江的水质，不再允许有渔船改装的餐厅在江上经营了，江畔重现了一抹清新的薄雾，江面又恢复了宁静，江水又重现了清澈。

金马码头附近的河鲜小吃　陈梓／摄

扬美古镇地灵人杰，自古人才辈出。过去豪贾巨商云集，今天手艺人仍然在自己开设的店铺里发挥一技之长，并将掌握的技术传授给后人。

扬美古镇上有位致富带头人，她就是梁彩丽。梁彩丽，这位中等身材、瘦削而又充满正能量的女性，以她那雷厉风行的做事风格和独特的生意经，将乡亲们紧密地团结在一起。

梁彩丽不但会腌制梅菜，还会腌五彩椒、做酸梅酒，还向乡亲们收购苋菜、苦瓜、香蕉、花生等拿去南宁卖。1998 年，梁彩丽凭借她的远见和决断力，投身于交通旅游业。她购买了 6 辆旅游车，专跑扬美到南宁这一线路，不但为自己带来了收入，也大大方便了游客与村民的出行。她经营的旅游专线车，还帮助村民们往南宁销售辣椒、四季豆、扬美酸菜等一系列农特产品。

梁彩丽深知，要想真正长久地富起来，农产品必须发展成产业。于是，她采取现代化的经营模式，并且诚信经营，一心一意将“扬美三宝”等土特产推向市场。一次，有一位村民将被雨淋湿后的梅菜晒干卖给顾客，梁彩丽知道后立马到该村民家中劝说，最后这名村民将该批次梅菜全数销毁。梁彩丽经常把“人强不如货猛”挂在嘴边，告诫村里的经营户要严把产品质量关，诚信经营，买卖才能长久。

她还毫不吝啬地将梅菜制作技艺传授给村里的贫困户，

帮助他们脱贫致富，并且不断谋求创新，这体现在她对五彩椒的制作尝试上。当她发现了五彩椒的美味后，不仅自己摸索腌制、改良口味，而且在销售走旺后，她把这一技艺无偿传授给了村民，让更多的人，尤其是贫困户，靠卖腌制五彩椒挣得收入。

“凭借着八姑教授的技术，我制作的腌制品销量不错，一年能赚上万元。”扬美村居民范振辉说。梁彩丽说：“只有肯干，能吃苦，又勤快，生活才会越过越好。”她还说：“做生意嘛，只有大家一起做，才能一起致富，实现共同富裕。”

2020 年，她卖掉旅游专线车，利用上级政府拨付的扶贫资金，揭牌运营八姑扶贫车间。八姑扶贫车间采取“支部 + 合作社 + 公司 + 农户”的经营管理模式，制作销售“扬美三宝”等土特产。只要有客人找到梁彩丽，希望她推荐适合口味的产品，她就会熟练地向客人介绍不同口味产品的特点，哪种适合用来炒菜、哪种适合直接食用……“只要八姑推荐，品质就有保证，信得过。”一名客人说。

这些年，梁彩丽利用她的八姑扶贫车间真真正正帮助贫困户脱贫致富。2020 年 5 月，扬美古镇的甜玉米进入采摘期，但江南区持续普降中到大雨，且扬美二级公路和南宁到扶绥二级公路提升工程尚未完工，严重影响甜玉米的采摘和销售。外地客商将收购价压得很低，原本充满期待的农户变得很惆怅。“若要低价卖给客商，还不如按市场价在微信上就近销售，我免费为顾客送货上门。”梁彩丽和驻村扶贫工作队队员苏翠柳共同商量后，做出销售方案。“为帮助贫困户树立务农信心，扬美村带壳甜玉米 0.5 元一斤，需要的请接龙。”很快，一则信息在江南区脱贫攻坚工作群、江南区乡村建设群等 10 多个微信群迅速传开。一场爱心接龙由此展开，不到两个小时，就有 600 多人下单。

扬美古镇解放街贫困户杜建强的妻子有残疾，一家三口挤在一间危房里艰难度日。梁彩丽和杜建强的帮扶人一起向政府反映情况，递交材料，为杜建强争取到了 5 万元贫困户建房补助金。

脱贫攻坚战打响时，梁彩丽经常找贫困户谈心，鼓励他们外出打工或为他们安排就业，帮助他们增加收入。“脱贫得靠自己，我们帮一把，他们自身加把劲，日子就能过得好。”这句话梁彩丽经常挂在嘴边。她安排黄少波、黄艳玲、杜仲林 3 个贫困人口在村里做保洁员。“八姑经常对我们说，自己努力，日子就会红红火火。现在我们家的改变也印证了这句话，不仅有固定收入，还有产业收入。”黄少波笑着说。

自八姑扶贫车间成立以来，收到各种订单超过 2 万份，仅销售甜玉米就超过 10 万斤。八姑扶贫车间成功探索出了一条整合各种有利资源助力脱贫攻坚的好路子，小小的扶贫车间打开了城区精准扶贫的新局面。随着扬美古镇旅游业的兴旺，更多当地的农产品通过扶贫车间被展示了出来。

如今，八姑扶贫车间成了古镇里的一个景点，一些以前的扶贫产品现在成了抢手的旅游纪念品。

梁彩丽还热心为来古镇经商的经营户做好服务。2020年，许菲洋来扬美古镇开办民宿，陆续遇到了人手不足、占地纠纷和债务纠纷等问题。她抱着试试看的心理找到梁彩丽。梁彩丽二话没说，赶紧联合村委，从帮忙招人、化解用地问题开始，为许菲洋一一解决难题，帮助她度过了艰难期。许菲洋心怀感激地对梁彩丽说："不管什么时间，只要有需要，八姑你都是随叫随到，真是我们的贴心人！"

"八姑乐善好施、诚信经营，以她为原型创作的小品《八姑治病》登上了中央电视台。"扬美村党总支书记、村委会主任许建林介绍道。《八姑治病》说的是八姑热心为村民阿龙的妻子阿芬治病，同时治好了阿龙"以次充好"卖梅菜的自私"病"的故事，教导村民要谨记村规民约，传承诚实守信的良好美德。"八姑以身作则，带动村民诚信经营，呵护着扬美的好名声、好口碑。梁彩丽还获得了'全国最美家庭'称号。"许建林说。

这些年，扬美古镇经过大家共同的努力，进一步发展了村级集体经济，过上了富裕的生活。特别是大力发展旅游业，使得扬美古镇逐渐成为一个以旅游业为支柱产业的富裕繁华的村落。近年来，扬美古镇游客接待量和旅游总收入快速增长。仅2023年，旅游门票收入就达150万元。

乐于助人的八姑　陈梓／摄

今天的扬美古镇，为了持续做好“古镇旅游＋村级集体经济发展”这篇文章，成立了村级企业，投入资金，重点打造了村口停车场、金马码头小食街，购买旅游观光车和观光自行车，为古镇旅游的发展提供配套设施、后勤保障等服务。

扬美古镇，一座融合了多元文化、充满商业活力的古镇。在这里，每个角落都散发着勤劳与智慧的商业光芒，每张面孔都充满了热情与友好。这里不仅有美丽的自然风光和丰富的民族文化，还有着无限的商业潜力。今后，扬美古镇将围绕“一江、一镇、一园、一区、两半岛”的总体规划开展建设，整合资源，做好“古”“水”“特”三篇文章，按4A级旅游景区标准配套建设，打造江南区特色旅游度假目的地，带动“大扬美”全域旅游经济的发展。

文化民俗

▼时光在此缓，生活如诗画。

平话，和谐共处的声音

有的历史是不愉快的，而记忆为这种不愉快增添了注脚。好在历史总在滚滚向前，百年一晃。到了如今，年华艰辛，再多的财富和权力，有时也经不住手攥；再顽强的

南宁市江南区平话节在扬美古镇举行　王春生／摄

叶子，最终也要落下来。好在扬美古镇人与周边人早已隔阂消弭，古镇人与古镇人一直是和睦相处，他们共同以一种语音——平话实现了友好沟通与交融，如石榴结籽一样，紧密团结，代代繁衍。

自秦朝开始，从伏波将军马援经邕江和左右江征讨交趾（今越南）到宋朝狄青平定岭南，以汉族人为主的中原人不断迁居邕州（今南宁）。扬美临左江、右江和邕江三江之地，地理位置显要，为风云际会、商贾云集之地，又历经驻军和战乱，最终形成五湖四海、兼容并蓄的汉族人与壮族人融洽相处的独特局面。

当年落籍扬美一带的官兵商贾使用的方言，相沿至今，与当地壮族方言相行不悖，这就是被语言学家誉为“语言活化石”的平话。据 20 世纪 80 年代统计，扬美古镇有杜、梁、杨、黄等 45 个姓氏，到了 2016 年，扬美古镇还居住着 32 个姓氏的人。不同地点屯戍的官兵与当地人交往，不同姓氏人的古汉语言与古壮语融合，经过 1000 多年的发展，根据求同存异的原则，形成共存融通的扬美平话。

平话在中国历史上曾是一个强势方言，它的分布面积要大于现代。从语言发展的情况看，它的古全浊声母的语音特点不仅早在公元十世纪前就已形成，而且还向周围非汉语地区输出过大量借词。这种情况，与广西在古代具有较为重要的军事、经济、文化地位有很大的关系。

《宋史》及扬美当时族谱载，说平话的扬美居民从北宋就开始了。1053年前后，一支山东（一个地域性的泛称，至唐代和北宋时期，太行山以东的黄河流域广大地区被称作“山东”）部队随狄青征讨广南西路（云南富宁在右江上游，当时也属广南西路）蛮首侬智高。侬智高被平定以后，这支军队的一部分就留驻当地，不再北归。这些来自山东青州、莱州、登州等地的留戍军人与本地人交融，千年来形成了风格独特、丰富多彩的平话语系。

只可惜，清初以后，两广经济文化重心移向沿海一带，特别是广西地区变得相对落后，平话开始衰落，平话的分布地区也日渐缩小。它不仅从绝大多数城市退出，退却到集镇和农村地区，而且逐渐由社会交际工具向家庭内部用语转变。社会交际作用的逐渐丧失，还使各地平话失去交流机会，导致方言分歧的加剧。而这一结果反过来又加快了平话丧失社会交际作用的速度。

平话是广西地区汉语方言的一种，分为桂北平话和桂南平话。桂北平话主要使用于桂林市郊区和灵川、永福、龙胜、融安、融水、罗城、富川、钟山等地区，桂南平话主要使用于宾阳、邕宁、横县、贵港、上林、马山等县和南宁市郊区以及左、右江流域的一些集镇和部分村庄中。《南宁近郊平话方言岛》一文认为，今南宁市城区四周近郊及西南远郊为平话，属平话桂南片次方言。桂南平话虽然在历史的发展中受到不同语言和方言的包围，但在语音和词汇上受到了壮语、粤方言及南宁白话的影响，它既不属于北方方言的“方言岛”，也不属于今粤方言的次方言，而是一种因古代中原政权派兵驻屯而形成的“中古北方汉语的方言岛”。

扬美古镇人主要讲的扬美平话属桂南平话语系，此外扬美古镇还流行粤语（广东白话），在明清时期迁过来的广东南海后裔中通用。扬美古镇人讲的桂南平话在语音、词汇及语法等方面受粤语影响较大，内部差异不大，保存古音较多，音韵系统同《刊谬补缺切韵》《广韵》中提到的音韵系统十分相近，有丰富的叹词和助词，大多集中在开口度比较大的元音上，念复元音的很少，用来表示各种感叹、语气和感情色彩。名词用做形容词的现象相当多，有丰富的动词、形容词的附加成分。

南宁三江口附近的宋村、平凤、马村、扬美等沿河的自然村讲的都是扬美平话。年逾半百仍生活在宋村的宋多河聊起扬美平话来津津乐道、如数家珍，“信口拈来”。

他说:“在我们扬美平话里，‘我们’讲成‘我队’或‘云队’，乃‘兄弟’的变音;‘我队’‘你队’其实是‘我等’‘汝等’的变音;‘以前’讲‘旧时’，‘厨房’讲‘灶边’，‘厕所’讲‘灰寮’，‘谢谢’讲‘多承’，‘前面’讲‘行头’，‘后面’讲‘跟尾’……小孩子打架，一方逃跑另一方喊‘走者谓之输’……”他最后深情地补充，“我们扬美平话很有古代汉语的味道。”

走在扬美古镇的街巷，既能听到南宁白话，又能听到江南平话，还能听到广东白话。扬美古镇流行的粤语语调变化较为丰富，虽然与南宁白话有细微的差别，但在长期共同的生活中，大家都能听得懂。如果说扬美古镇的平话早期对古镇人的粤语施加了影响，那还不如说是那里不同的方言相互影响的结果。

扬美古镇当地人说"隔条田埂各不同"，甚至这条街与另一条街的口音都有细微差别，这种差别只用于区别本地人、广东人、山东人，但并不妨碍彼此的交流。

同住一座古镇，同饮一江水，同说一种话，却养出了不同领域的独特人才。五叠堂的堂主杜绍桐、杜乃焕是扬美古镇杜姓的荣耀代表，曾经名闻左右江地区。当年五叠堂生意兴隆时，南来北往的客人在此商谈生意的盛况。古镇人用"万金油"般的平话，在扬美"以万变应不变"，融会贯通，语意畅达，让财运达三江、通四海。

于清光绪二十一年（1895年）公车上书反对清政府签订丧权辱国的《马关条约》的爱国志士杜元春，将扬美人的心声带到了京城，在《公车上书题名》中，杜元春名列其上。投身于公车上书洪流之中的他，还与其他广西举人一起上书，其条陈《为和议不合人心有关大局敬陈士论请代奏事》由都察院转呈光绪帝，该条陈原件今收藏于中国台湾。

扬美古镇的梁姓人有四个不同的支系，分别来自山东和广东，现主要居住在新民街、和平街和永安街。现存的梁氏祠堂属于广东支系之一梁氏。梁姓人士也是扬美古镇的荣光，历史上为扬美村扬名立万、远播广西内外，其中有广西解元梁德显，辛亥革命志士梁植堂、梁烈亚父子。

扬美古镇的大姓黄姓人，主要从山东、广东迁来，主要居住在解放街、振兴街、永安街和共和街。作为扬美古镇人，黄姓代表人物是巾帼英雄黄希文，原名黄悦卿，她不到 20 岁便走出古镇，加入了中国共产党，投身到妇女救亡运动中。1947 年 6 月，她参与发动富川古城起义。因敌众我寡，她被敌人所俘。被俘后，黄悦卿受尽各种残酷刑罚，但坚贞不屈，对党的秘密守口如瓶，一个字都没有说，英勇就义。

杨姓亦是扬美古镇的一个大姓，有三个支系，原籍为山东青州府白马县大杨村，现主要居住在中山街、和平街，也有部分居住在永安街。在魁星楼内张贴的“扬美人才榜”上，杨姓人士就有 16 人，占上榜人才的 7.44%。

同一条街上也有不同姓氏的人家，如振兴街上就有许姓和曹姓人家，都是明崇祯年间从广东省南海县东门街迁到扬美的，据说原先讲粤语，现讲扬美平话；同时，从广东省南海县迁到扬美来的，除了许姓和曹姓，还有吴、邓、莫、麦、范、欧、施、周、李、冼等姓，林林总总，各姓杂居，同街杂居，共用平话，和睦共处。

扬美平话是大家都认同的、听得懂的、会讲的语言。天南地北，南腔北调，相融相通。到了扬美，讲的是“同一种话”，唱的是“同一首歌”，大家求同存异，美美与共。

语言是精神生活的表达，更是日常生活的工具之一，如从梦的路口，走进众生喧哗的世界里。回想那些平常百姓，那些商界的巨贾，那些码头上的工人，这种演变的、流动的而又恒定的语言，恰恰是扬美得以包容开放而繁荣发展的秘籍。扬美古镇人依仗多元而传统的言说方式，站在风水江岸与地理中国中历经风雨，和谐发展。

2014 年 6 月，南宁市江南区荣获“中国平话文化之乡”称号。扬美古镇也在这块“中国平话文化之乡”的牌匾之下，闪耀着光芒，恰似石榴籽紧密相拥，成为民族团结的鲜活图腾。

“三宝”里的慢生活

走在扬美古镇里，连阳光都是轻缓的，它慢慢地爬上老旧的砖墙，一点点涂亮石巷，石巷也显得悠长。

走来一位老太太，像要低矮到尘埃里去。她从一棵古树下移动过来，再近点，见她背后像横着一根杠杠，两头挑着什么东西，我忍不住主动迎上去看：原来是左右两只簸箕。簸箕被扁担挑着，扁担把她的身子压弯了，但老太太好似感觉不到累，脚步不紧不慢。老太太的簸箕里，左右放着几把菜。菜是梅菜，腌的，耷软、淡黄、整齐。

梅菜是当地很有名的“扬美三宝”之一，它慵懒地躺在簸箕里，散发着自己的味道。《早餐中国》里有一句台词：“只需早起，你就能找到故乡。”在扬美古镇寻找故乡不用早起，因为这里的太阳升起与落下的时间，似乎都要比南宁市区慢半个小时。这里的每个人都是“时间的小偷”。吃，成了一件可以慢慢做的事情。

优渥的自然条件，加之当地人的持续坚守，“扬美三宝”已不再作为噱头，而是实打实地融入了人们日常饮食当中，已经成为扬美人在这个速朽时代里最珍贵的东西。

在扬美古镇任意一条街道上走着，都能看到墙角或屋旁摆放着一个个硕大的缸，那是腌制梅菜用的。如果恰逢十一二月，又是阳光朗照，便可见古镇的石板路上、屋门前的空地上，甚至环镇的马路上，都晾晒着芥菜。

芥菜都是自家的菜地里所产的。菜地里的土壤松软，土质肥沃，加上阳光充足，芥菜长得翠绿肥硕。

扬美古镇人腌制梅菜很有耐心。撸回来的芥菜洗干净，晒四五天，然后抹上盐，压死在缸里；七天后取出晒干，再抹上盐放入缸内；十天后取出，晒干，再抹上盐，再放入缸中；又十天，取出再晒干……反复三四次，让时光反复发酵。最后一股似酸非酸、似香非香、又酸又香的味道便弥漫在整座古镇的上空。

腌制梅菜的过程，是时光散步的过程。梅菜散发味道的过程，是酝酿时间的过程。年逾六旬、热情好客的梁彩丽平时除了做好居委会的日常工作，其余大部分的时间就是在家里制作梅菜，再就是给来古镇游玩的各方客人免费做导游，宣传推荐扬美古镇。梁彩丽自幼跟着姑婆学习腌制梅菜，至今已坚持手工制作梅菜近 50 年。提起腌制梅菜，她的言语中全是一组组数字：中秋前后栽种芥菜，最好要让芥菜长足 80 天，重量在每棵 2 斤左右为宜。采摘前一周断水，确保芥菜菜梗变白，叶子略带红色，便可采摘。采摘下来的新鲜芥菜要经历“三腌三晒”，整个过程需要一个月左右。初腌时，每 50 公斤芥菜要用 2 ～ 3 公斤的盐调配，将盐均匀撒在芥菜上后，要不停地揉搓，让盐分充分渗入芥菜中。搓软的芥菜一圈圈排列整齐，放置缸中。

晾晒梅菜也极有学问。初晒强调的是晒，二晒的重点是晾。晾要选在刮北风的时候进行，其次要经过两天两夜的水汽与雾气的洗礼；第三次晒的时候，要根据梅菜的干湿程度来决定时间的长短。

梁彩丽的经验是：一提一捏。通过提捏，判断梅菜重量和菜心湿度来决定还要多长时间的晾晒才能达到合适的干度。

“扬美三宝”之梅菜
昕悦／摄

用本地梅菜做的梅菜扣肉
昕悦／摄

时间是食物的死敌，亦是食物的挚友。时间够了，时机好了，次年农历二月前后，解开缸盖，取出梅菜，梅菜浓香悠远，是时光与阳光的积淀。

新鲜出炉的梅菜与扣肉为伍，与米饭相“拌”，香味飘荡在每户人家的餐桌上，也传颂在每一位游客的口中。

舌之所爱，鼻之所闻，均起于“味”。五味与百态的交融，火候与食材的碰撞，再经历心手合一的塑造，便造就了因地而异、多彩多样的饮食风貌。

扬美古镇依水而行，因水而兴，其水样温婉、洁白、低调的性格也体现在饮食上。在扬美古镇，有一种食物被一层不薄不厚的纸包裹着，你一拆开，里面露出细腻如雪的块块食物来，放入口中，不嚼不化，嚼之不黏，慢慢融化，香气在整个口腔弥漫、游走。味蕾贴合之处，甜而不腻，沙而不滞，糯而甘饴——这种食物被当地人称为沙糕。

在中华饮食大家庭中，沙糕属糕点一类，独具特色，既是充饥果腹之佳品，又是茶饮尽心、酒食合欢之良点。扬美古镇的沙糕，意在“沙”字，源于其糕粉沙质软松的口感，不但有浓郁的糯米香味，而且食而不腻、香甜可口、入口即化，还具有养胃健脾、明目清肝等功效。

“‘糕’和‘高’同音，大家都希望生活水平节节高，祈盼家家户户幸福美满。”扬美古镇人做的是糕点，融入的是心愿。在扬美古镇人的心中，沙糕就是可以吃的吉祥物，无论逢年过节、招待贵客还是赠送亲友，几乎家家户户都会备上一份。

据说，宋代狄青部队远征至广南（今广西）平叛，当地人为犒劳官兵，即制作沙糕作为干粮，供其食用。明嘉靖年间，扬美的沙糕已成为贡品，在朝廷中闻名。走进扬美古镇，目之所及，各种小摊点、小招牌上，重重复复的字眼、层层叠叠的沙糕，深深浅浅地映入游客眼帘。

杨维自 1999 年起，便开始用传统手工方法制作沙糕，后来，他将这门手艺传给了儿子杨文勇和杨文凯。说起沙糕的制作，杨文凯谈得颇有仪式感：要精选本地种植的香糯米，洗净、炒制后晾凉，再碾成粉。粉炒熟，掺入芝麻、花生、莲蓉等馅，放置一段时间，除去燥气，使其黏合、变硬、切块。

在杨氏父子看来，看似简单的沙糕制作，其实蕴含着积极、复杂而精微的讲究：炒糯米时，每次只能炒不到 1 公斤的份量，炒多了，糯米熟得不均匀。糯米粉放置的时间也有讲究，夏天空气潮湿时，需两至三天，冬天干燥则需放置 20 多天。恰到好处的时间流逝，方能让糯米粉与糖分融合充分，待糕粉适当凝结，软硬适度，手碰不散不烂，便可取出。

二十世纪四五十年代，左江水运昌盛，扬美沙糕远销两广及东南亚地区。但随着人们生活水平的提高，同时受到外来饮食文化的冲击，今天扬美沙糕作坊的数量锐减，技艺面临失传之虞。

“扬美三宝”之沙糕 昕悦／摄

杨氏父子认为，做沙糕也是做文化，做的人越少，他们越要坚持。近些年，杨氏父子经常参加一些非遗宣传展示活动，他们不厌其烦地在各种场合讲述、展示扬美沙糕的制作过程。“只有传统的才是世界的。传统手工制作的食品有着机器不可复制的味道，沙糕的制作技艺传承了下去，手工制作的文化才能延续下去。”杨文凯说。

乌金坛中藏，馥郁飘四方。作为同是自治区级非物质文化遗产的代表项目扬美豆豉，因时间供养，成了中国传统特色的发酵豆制品调味料。

豆豉，是调味台上的秘密武器。这乌黑透亮的一物，不光于健康大有裨益，而且做法多样。老友粉、蒸鱼、青菜……机智的广西人将其巧妙掺杂其中，豆豉的作用发挥到了极致。

“臭”是豆豉的保护味，细品才知其别致的“香”。也正是豆豉这份别致的“香”，逐渐让它成为八桂人民最为日常和喜爱的食材之一。

在杜学芬的头脑里，制作豆豉的过程刻在不慌不忙的、必不可少的、分分秒秒的时间和温度里：煮豆，15 分钟左右；煮好的豆沥干水分，冷却至 35 度左右；制曲，一周左右；二次发酵，一周左右……在密闭的环境里，只有时间能解释其中发生的一切。出坛后的豆豉醇香得令人惊叹。餐盘中的食物因了豆豉的调和，有了恰如其分的添加味道。

像中国的很多其他地方一样，在扬美古镇近百年发展的历程里，“广成号”“建华号”等老字号豆豉作坊，也消失在时间的深处。

“杜家坊”的豆豉制作技艺源自清代，最早开始研究、制作豆豉的是杜广成。该技艺代代相传，如今传到杜学芬已是第五代了。为满足大众不同的口味需求，杜学芬也创新了工艺，丰富了豆豉品种，开发出了麻辣豆豉、香辣豆豉、酱香豆豉等新风味的产品。

杜学芬有空就向人介绍豆豉的制作方法，附近扬美小学的学生们也常来传承基地参观。他希望能带更多的人了解并参与豆豉的制作，让扬美豆豉的鲜香美味继续飘扬在八桂儿女的鼻尖心上。

“扬美三宝”之豆豉　昕悦／摄

现在，扬美古镇上越来越多的年轻人外出了，他们似乎也看不起这样的“小味道”，像《非遗里的中国》那样的电视专题片引不起他们的兴趣，曾经年产 8 万吨的扬美豆豉，仿佛只是一份久远的鲜香记忆。

好在如今南宁市江南区政府已启动对扬美古镇非物质文化遗产的保护和开发利用专题调研。首先，推进扬美古镇将扬美梅菜、扬美豆豉、扬美沙糕制作技艺等老手艺嫁接现代化生产流程。其次，推动古镇非遗传承基地建设，充分用好非物质文化遗产代表性传承人这一“活字典”和“活宝库”，推动技艺与艺术相结合，让非遗在古镇实现“见人见物见生活”。

落实在行动上，就是在发展上开新篇。首先，坚持下大力气提升扬美古镇保护和发展的力度，推动古镇承古出新。各级政府投入超过 2.5 亿元，改善扬美古镇各类基础设施，彻底解决“马路拉链”“架空线”“蜘蛛网”等问题，实现宽带网络、通信信号全覆盖。

其次，积极鼓励和支持扬美古镇不断探索实践文化产业与旅游产业融合发展模式。组织“扬美龙舟上水节”等大型文化旅游节庆活动，新建景区停车场、游客中心、特产推广中心，添置旅游观光车、休闲车等，促进扬美古镇文化旅游产业发展提质增效，“自我造血”能力不断提升；加强扬美古镇历史脉络、名人传记、建筑特色、民俗风情、生态环境等调研，编撰出版《扬美村志》，为扬美古镇的保护和开发提供翔实资料和文化支撑。

扬美古镇人将打造“扬美三宝”的饮食文化作为亮点，将古建筑的保护与创新结合在一起，希望将扬美古镇打造成一个集民族特色、地方特色、世界特色于一身的南方文化古镇。

截至 2023 年，扬美古镇经营特产的商户有 20 余家，餐饮商户 30 余家，民宿 10 余家，就业人员近 300 人。扬美人在非物质文化遗产的保护中渐渐开始受益，2023 年 2 月，扬美荣获首批“广西生态特色文化旅游示范村”称号。

来自庙的深情庇佑

扬美是方圆数百里少数民族聚居地中唯一一座汉族古镇，这里居民繁杂，除了本地人，另有十之八九来自中原地区的山东、河南及岭南的广东等地，姓氏多达三四十个。许是自古受自身宗教文化及四周各民族文化的熏染，扬美古镇民间信仰的神也颇多，5000 余人的小镇中，竟有观音庙、孔庙、三界庙、大王庙等众多庙宇。

一座座庙宇，不同的飞檐翘角，不同的题匾楹联，不同的经声法号，却是一样的晨钟暮鼓，一样的浓郁香火。孔庙、三界庙、钟馗庙、大王庙、魁星楼……各路神仙、各方神圣同生供养，就像左邻右舍一样，你在我的神殿里享受香火，我在你的宫殿里接受供奉，互不相干，却心愿相同。

不管是振兴街的，还是临江街的，都在这方土地上自由呼吸，守着同一份大文化的认同，趋美扬善，尊孔重文，以文养气，以德化人。庙里的神仙们仙气十足，人间的香火缭绕，宁静万分。

扬美古镇人相生相融的性情脾气，创造了对世界的另一种包容观念，无形中，也让扬美古镇的宗教文化既统一又多元，因而更加兴盛起来。

体现一个地方的文脉标志之一是看有没有孔庙。在中国，没有哪一座庙能像孔庙一样表达尊儒尚礼的情感的。

扬美古镇的孔庙原为北帝庙，是为对中原文化的尊崇。从宋代开始，随着中原人的南迁，北帝信仰在广东普及，

香火旺盛的孔庙　陈梓／摄

至明清时期，又通过广东的商贾人家带到扬美。“商业之神”到了扬美古镇后，在崇儒之风甚浓的扬美显得有点“水土不服”，民国初期遂改为孔庙。

扬美古镇的孔庙位于古镇之北，本就古木参天，因亭对江流，便愈发显得幽静古雅。这里的孔庙青砖蓝瓦红柱，庙脊雕塑有双龙戏珠，门前左右各立一尊狮子，雌雄对峙。庙前菩提翩翩，让人顿生明净虔诚之心。

进得庙堂，为3间结构，宽约21米，高约13米。主殿神龛上方高悬“万世师表”匾额，神龛内供奉孔子塑像，其雕工细腻，神情毕肖。孔子像的左右两旁伴有其弟子以及儒家学派的代表人物孟子的雕像，众星捧月，神采飘然。庙内神龛旁有四根朱红圆柱，书有两副楹联，分别为“教化三千多国仰，师传七十兆民崇”和“国运兴昌任凭重教，人才崛起在尊师”。

庙的外墙，有社会名流抄录的一些楹联和名言警句。最有意思的是，有人抄录清代名臣纪晓岚的一联，曰：“与国咸休安富尊荣公府第，同天并老文章道德圣人家。”其“富”字上头无点画，寓为富无顶点；“章”字上面亦无点，寓为文章贯日，饶有情趣。

肃立在孔子像前，默念着其右壁记述孔子当年周游列国传经的故事，再赏其左壁的《杏坛讲学图》，追忆先贤，感念师恩，恐怕是每一位中国人内心最朴素的情感之一吧。难怪每年农历八月二十七日孔子诞辰日，这里都会举行盛大的庙会，扬美古镇男女老少及周边的文人学士，都会会聚于此，让深受齐鲁文化影响的古镇，又增添了几许文气。

扬美古镇的“祭孔大典”很有仪式感，也颇为热闹。扬美孔庙掌礼者严格遵照《绍熙州县释奠仪图》《明集礼》《文庙祀典考》《五礼通考》等古籍记载的祭祀礼制，规范整个行礼程序。礼启，穿古代祭服的主祭，由鸣赞、引赞引导，身边跟随手罩、提炉、纱灯、跟班等人，先至杏坛行礼，然后由侧面走到大成殿前的平台台阶，进入大成殿拜台。在大成殿释典礼中，祭祀人员按鸣赞、引赞的呼吟，完成迎神、初献、亚献、终献、撤馔、送神 6 个步骤，最后礼成。祭孔大典仪式举办同日，还要在魁星楼举行“魁星点状元”互动游戏活动。互动游戏中抽中头奖者，可成为文考“状元”。“状元”可穿上“状元袍”，戴上大红花，骑马游金马街，当地人称为“今科状元骑顶马游金街”。有人写诗赞曰：“夫子庙会得灵感，魁星楼前又登科。”

扬美古镇人从古至今都很尊崇教育，这里地灵人杰。据不完全统计，在明清两代时，就出了 6 位进士、11 位举人、30 多位贡生。即使是在文化发达的中原地区，这样的人口成才比例恐怕也是少见的。

漫步在扬美古镇的大街小巷，“状元桥”“状元坊”“进士第”“举人屋”等匾额、招牌及地名多处可见。圩市繁盛，在熙熙攘攘人群中，亦不乏温文尔雅的当地生意人。与扬美人进行商品交易，不好意思的是顾客。当你驻足在一家摊位前，对方往往一句真诚随和的“你先尝尝，买不买不要紧”，就让脸薄的顾客不由得不尝先买了。扬美古镇的大方是有理由的，用他们的话说就是“大多数东西是自己种的，多的是”。

这里的本地商贩不讹人，还热心，爱助人。即使是七八旬的老人，盘腿而坐，面前的木薯、茄子、梅菜、花生、沙糕之类的，也是摆放得清清爽爽、整整齐齐。他们永远是一副温暖绵长的笑脸相迎，也不大声吆喝，只静静地看着你，好像不是在卖东西，倒像是在晒太阳或乘凉。

“咱们这儿有事互相帮助，看不上那些好吃懒做的人。”金马街上八旬的梁阿婆这样说。梁阿婆以前是扬美小学的一位语文老师，写得一手好书法，退休后，她除了带孙儿，还经常免费教其他小孩写字、绘画。有时，她也在自家的门口售卖一些当地的特色产品，比如槐花凉茶、蜜柚、糍粑、牛肝果、桑葚酒、梅菜、沙糕等。东西摆在门前，梁阿婆侧着身子坐在门槛上，脸上是温暖而恬静的笑。阳光打过来，好像水波轻漾。如果你问她：“江边怎么走啊？”她会热情地回答：“往下走不过100米，过了金马门楼就是江啊。”这古镇里的人可能深受孔子尊儒尚礼的熏染，皆弥漫优雅气息，让游客们也不禁和颜悦色、文质彬彬起来。

扬美古镇之南，有一座三界庙，其始建于明代，跨越至今，几经扩建重修，甚至在民国初年还兼做过私塾。三界庙隐于扬美古镇“龙潭夕影”之景中，吸引了很多游客。

三界庙以及庙里的各路神仙　陈梓／摄

因庙周围绿茵铺缀，林木扶疏，也有一些游客很容易会忽略，但信奉广西神祇的游客一定不会错过，扬美本地人亦不会礼薄三界神的崇拜。

三界神是广西重要的神祇。清乾隆年间的《梧州府志》中关于三界庙的记载称，三界神姓冯，名克利，贵县人（一曰平南人）。其采药龙山，遇异人，授之以无缝仙衣和丹药，归而起疾拯患即多验，后化为神，以其人通天、地、人之道，故称曰三界神。后当地人建庙以供之，称三界庙。三界庙中，有青蛇数十，盘绕衣袖，几案间常著，灵应至今，商民虔祀祈祷入，亦称青龙庙，其在戎圩亦然。

书中载，冯克利原乃明代弘治年间的修炼道术者，死后被尊为神灵，是天界、地界、人界均能管的三界神。扬美古镇人认为三界神可保当地风调雨顺、百业顺兴。这对于长期靠水运为生或利用水路经营生意的人来说，他是合适的庇佑之神。

出得三界庙，于庙前的四角亭中小憩。回望这座占地面积近千平方米的古庙，再品扬美举人杜元春在此留下的“三面皆山霞飞孟志，界空一色夕影龙潭”的佳句，难怪木之生机、水之柔韧、神之栖息之地，有琅琅一片读书之声。此庙筋骨不碎，丰神不堕，遇水生动，精神焕然，地理、人文、精神，佑千年古镇千年平安。

与孔庙、三界庙的地理位置比，钟馗庙的位置算是居中，三庙皆居于江畔，但钟馗庙乃正西之位。

钟馗是中国民间传说中的驱鬼逐神之神，是中国传统文化中的“赐福镇宅圣君”，后来他被纳入道教神仙体系，“钟馗捉鬼”的故事人人皆知。

扬美古镇最早的钟馗庙于20世纪60年代被当成“四旧”拆毁。1987年，扬美的老人们发动全村人募捐集资，重建神庙供奉钟馗。一山顶四柱砖混结构的亭子立于江边路旁，此为钟馗庙原址。据老辈人回忆，原钟馗庙很是辉煌。

现在的钟馗庙不大，也没有任何古遗迹可寻觅论道。但是盈目花木有质，江中流水荡漾，恰如一幅动静结合的风景画。香火中，钟馗的面目虽然狰狞了些，但他驱除邪恶的为人能千载作表。

在钟馗庙旁，聚着四五人，皆为中老年汉子。他们或坐或站立或蹲着，却一律不说话，微微地笑着。走近一看，个个又慈眉善目，一脸知足恬淡。身旁江水缓缓，仿佛被时光扯住，且慢且慢……

历史不是无本之源，逝去的不一定只能作为纪念。扬美古镇人总能找到重建的理由，让一生凛然的钟馗，永保清平世界。不能重建的有大王庙。扬美的大王庙原在青坡岭脚，兴建于明末，供奉着“大王”，后增加供奉诸多民俗传说中的神灵，如花婆、财神、关帝、清水大王等。大王庙里的“大王”相传为宋代狄青手下一滕姓将领，其死后神化为“滕大王”，被狄青军中滕姓官兵从太平府永康州

临江的钟馗庙　陈梓／摄

（今崇左市扶绥县中东镇一带）带到扬美，建庙纪念，加以崇拜。后于 1961 年整体拆除。

不管是保留的，还是重建、扩建的，抑或是拆除的，这些散落于扬美古镇中的庙宇，千百年来成为族权与神权交织的载体，成为文治德统的精神图腾，成为信仰与教化的庇佑所。

扬美古镇人一代代于庙宇中跪拜并续上香火，他们敬祖尊宗，祈福纳安，自茁壮、自超脱、自坚强、自安宁、自善良……

水一样的循环与守望

最是风情扬美水。扬美的水畅达、浪漫、延续、融通、缠绕、执着。扬美人在水的流淌中、在水的磁场里，创造了源源不断的财富；在波澜不惊、烟波浩渺中吸附五光十色的现代元素，又在以柔克刚中消融着喧嚣和强势的外来文化，扬美古镇人在各种风俗节庆中体现了这种独特气质。

扬美村的民俗民风自然淳朴，节庆活动喜乐健康。东汉经学大师郑玄注解《礼记》云："观其风俗，则知其所以教。"扬美之美，不妨看作是民俗民风之美。

"民以食为天"，扬美古镇人家平时的饮食清素简单，早中餐多以白粥、蔬菜为主，晚饭时喜煮汤或煲汤。扬美古镇人喜欢吃粥，他们时常挂在嘴边的客套话是："到我家食粥。"吃粥是扬美古镇人的待客之道。扬美很多人家往往一大早就煮好一大锅白粥，若是家里有客人来，也必定要请客人吃粥。上等的白米，加上清冽的左江泉水，一份水一样的盛情，捧着扬美人一颗简单而好客的善心，让人不忍拒绝。

逢年过节时，餐桌上的大鱼大肉自然是少不了的。但是，在春节、中元节等特殊节日，扬美古镇人每家每户都会做干捞米粉，寓意为“有得捞（赚）”，这对于世代以做生意为业的扬美古镇人来说，不失为一种美好的愿望或预兆。

上善若水，天道酬勤。水对于扬美人而言，有着特别的作用和意义：灌溉农田用江水，淘米洗菜用江水，游泳纳凉用江水，冲街净巷用江水，洗牛刷犁用江水……日夜流淌不息的左江水映照的是穿梭往来的商船和街阡巷陌，繁衍的是生生不息的子民。扬美人因水而延续生命，因水而生发精神。

如果是春节，扬美古镇人会挑一个好日子，最好是正月初一，抢着去挑水，挑得第一桶水就寓意着新年会最早得第一桶金。在扬美古镇人的观念里，水意味着财。在扬美古镇人的口语中，几担水（几兜水）、几荀水、几撇水、几方水，分别表示几十元、几百元、几千元、几万元。挑水时，他们还要在井池旁边烧纸钱，讨彩说是“买水”，“买水”就是“买钱”，就是祈求发财。总之，扬美古镇人开年“买水”是尊崇水、礼遇水，期待开年之后顺风顺水、风调雨顺。

门神最好也是在这一天贴上去，用当地的俗语说就是：“正月初一贴了门神纸，各人寻生理。”以后的日子，看各家各户的造化，风雨在外也好，勤劳耕作在家也罢，努力了，总不会有坏结果。

在扬美古镇，女子幸福美满的爱情婚姻也与水有关。正月初一，天将拂晓时，扬美的女子纷纷抢着去挑新年的第一担清水。谁是第一个去水埠（井）挑水的女子，谁就是扬美古镇头号勤快的女子；谁是第一个去“买水”的女子，谁就是扬美古镇最美的风景。她们勤劳的倩影，映入多少双火热的眼睛里呀，若是未婚女子，那她的美名很快便会在古镇上传开，说亲的自然也就纷至沓来了。取水之前，扬美女子的口里念念有词，向天神和河神祈祷、许愿，保佑一家老少平安吉祥、财源广进、兴旺发达，而后烧几张纸钱，如果心更诚，则将一枚崭新的硬币抛入水井中。

按照扬美古镇的传统婚俗，青年男女从相识到成亲，大致要经过讲媒、讲合与定合、择日、过礼、安床、教礼、哭嫁、迎亲、拜堂、宴客、升花、入洞房等程序。旧时扬美的青年男女结婚，多由其父母为其物色对象。当父母有了心仪的儿媳对象时，便请“命相好”的媒人为其做媒。所谓“命相好”的媒人，是指那些夫妻和睦、家业兴旺、子孙满堂的人家。媒人为男方说好话，极力促成好事。如今，扬美人虽然很多是自由恋爱结婚，但说媒还是作为一种习俗保留了下来。

男女双方确定关系之后就要确定婚期，婚礼当日，男方择时派出迎亲队伍前往女方家迎亲。迎亲队伍敲锣打鼓，唢呐齐奏，气氛热烈。至女方家后，新郎和迎亲队伍带着

古镇婚礼　尹庆南／摄

送来的礼物（以鸡、糯米饭等食物为主）到女方祖屋，拜祭新娘祖先。然后，男方用轿子将新娘以及嫁妆抬（迎）至男方家，女方家也派送亲队伍相送。如今，扬美古镇人的婚礼也现代化了，新娘入门可以坐车，如果双方家宅相距不远，甚至还可以步行。

娶亲次日，重头戏之一是升花仪式：新娘要把从娘家带来的花钵升到新郎家的祖宗神台上去。花钵里的花甚为讲究：先用白绢或白纸做成三朵白花（象征男性），然后用红绢或红纸做成两朵红花（象征女性），再用绿绢或绿纸做成绿叶，最后将它们扎成一束，放置在花钵中，寓意祝福新郎新娘婚后恩恩爱爱、多子多女、健康长寿。升花仪式由村里父母健在、儿女双全的贵人主持。新郎将煮熟的猪头、鸡和瓜果等供果摆到堂屋的神桌上，点上香。贵人唱着颂词，指挥新郎拜祖宗、拜天地，然后请新郎将花钵送上祖先神位安放好。新郎放置好花钵后，贵人向前来庆贺的亲朋好友抛撒谷子和硬币，升花仪式便宣告结束。

扬美古镇上，未出嫁的女子在每年的七月初七会过乞巧节。当天早上，她们装扮一新，三五成群去野外采摘喜欢的花朵，编织成精美的图案。入夜，在屋子大厅中央摆一方桌，摆上供品，点上香，向七姐（七仙女）礼拜，祈求七姐保佑自己找到一个好丈夫，有一个幸福美满的家庭。祷告完毕后就开始进行“水碗丢针”和“桌底穿针”的游戏，看谁能使针浮在盛满水的碗面上，看谁能在桌底的暗处穿针引线，以证明自己心灵手巧、聪明能干。

水一样的欢乐，水一样的柔情，水把扬美古镇上女人的勤劳与男人的力量一同摄入镜头、深入灵魂。

扬美自明代开始，每年五月初五端午都要举行隆重的划龙舟比赛。如今，扬美每条街拥有三至四艘龙舟，八条街都各有一名专管龙舟赛事的“龙头”。扬美古镇人在赛龙舟之前，还有很多程序与避讳。比如，先要举办一个龙舟下水仪式，但“下”为扬美人所忌讳，故他们改称为“龙舟上水”。

为龙头点睛　李德康／摄

长者舞起龙头，带着孩童到河边放生小鱼　李德康／摄

龙舟比赛　扬美村村委会 / 供图

“上水”仪式颇为庄严而隆重，最有特色的就是“走龙”。祭台分别设有“五方龙王”，八条街上的长老要来担任仪式上的道公和乐手。仪式开始后，鼓乐齐鸣，由村中的长老向龙王敬酒，并用公鸡冠血为龙头点睛，孩童还要放生小鱼，然后向江中抛撒三角粽。这时，鞭炮齐鸣，锣鼓喧天，龙舟比赛才正式开始。

扬美古镇的赛龙舟不在早上，而是在中午。在扬美古镇，端午节那天，兴“食午食”，家家户户包粽子，杀鸡宰鸭。酒足饭饱之后，已近中午 12 点，此时，江岸上早已站满了人，大家迫不及待想一睹龙舟争流的盛况。

随着“加油！”“加油！”的喊声响彻天空，江面上的龙舟你追我赶，场面热闹而壮观。经过一番激烈角逐，获得冠军的龙舟队将获得奖品：一个烧猪头。获奖的龙舟队队员抬着烧猪头游街一圈。然后，将其切炒上桌，饮酒吃肉，猜拳行令，一同分享，庆贺胜利。在扬美古镇，赛龙舟主要是为了驱邪降鬼，送走瘟神。

扬美与水有关的节庆活动还有“水灯节”。每年农历三月十五日，古镇人家的门口就会挂一盏灯笼和“水灯”。“水灯”是用像水晶一样的塑料材质做成的，晶莹剔透，将整个古镇浸润在童话般的美丽世界里。此刻，扬美古镇的夜分外安寂，像微笑一样柔软。这座古镇人的精神生活脉搏，如此之遥，又如此之近。

古老的小镇上，各种寓意丰富的民风民俗，沿袭了水一样不绝的历史和文化的循环与守望，表达了古镇人对奋发人生与甜美情感的倾心向往……

好节日放在歌里过

扬美古镇人的节日好像永远过不完，历经千年岁月的积淀，传承至今的特色节庆文化丰富多彩。

喜闹元宵节、稻作文化节、抢花炮活动、唱春牛、师公戏、扬美粤剧等文娱活动精彩纷呈。它们一年四季都被放在快乐的歌里过，共同谱写扬美古镇人既传承又创新的文化生活。

每年农历大年初一、四月初八、五月初五及七月十四（中元节），扬美古镇人有吃糯米糍粑和粽子的习惯，这也是稻作文化地区古老饮食的一种传承。糍粑最早见载于南朝梁吏部尚书宗懔《荆楚岁时记》中所记的“龙舌粑”，明代普遍称为“糍粑”，至清代又有记为“瓷粑”的，“迨伐岁时，则家家赁舂，屑米以斗石计”，可见其流行程度。

送糍粑，也就是送祝福。“糍粑节”期间，扬美古镇推出与之呼应的“扬美古镇糍粑节”，为游客提供富有古镇特色的糍粑——用上好香糯米精制成的古镇蕉叶糍粑、白头翁糍粑、竹叶糍粑、苇叶糍粑、马打滚糍粑，以及凉角粽、九层糕、绿豆炖粉糕、芋头糕、白糖伦教糕、净卷粉等小吃品种，糯香四溢，香甜可口。做法独特、花样多变的糍粑，爽软滑嫩而有弹性，在食客的舌头和牙齿之间百转千回，变幻出丰富的滋味。

红红火火的抢花炮活动，在扬美古镇已有几百年历史，也是扬美古镇一个传统的健身娱乐项目，其对抗性和刺激性都很强，趣味横生。扬美古镇人喜欢在每年农历正月十五的黄昏举行抢花炮活动。抢花炮现场，不仅大家扶老携幼到赛场观看，而且还有不少外地人到扬美古镇观看和参加抢花炮。抢花炮的场地一般选在开阔平坦的地方，在平地里设一地炮，花炮则是用藤条编成的一个圆圈，把藤条圆圈放在地炮上，当地炮爆炸冲上天空时，也将圆圈抛向天空，当藤条圆圈落地后，谁先抢到圆圈，谁就是胜利者，奖品是一块镜屏。抢花炮场面热闹，生动有趣，竞争激烈，是一项常盛不衰的强身健体的娱乐项目。

早春二月，扬美古镇稻作文化节热闹开锣。南宁一带是远古稻作文化的重要发源地之一，原始栽培水稻技术的成功，使当地的岭南先民成为开创世界粮食生产新纪元的先行者。先民们怀着对大自然的崇敬之心和感恩之情，举行祭祀稻神、雷神、土神等神灵的酬神活动。扬美古镇稻作文化节是对自然崇拜现象的追寻与回望。文化节的重头戏，是曾被誉为“中国稻作文化活化石”的师公傩面舞“大酬雷”。这一舞蹈源于古代农历二月初二“春社日”的酬谢祭祀仪式，展现的是古人崇拜雷神的超自然力量、祈求风调雨顺的原始思维。

傩文化是中国古代农耕社会的一种原始信仰，是为了祭祀农神——傩神而创造出来的原始文化。扬美傩文化作为南宁傩文化的重要组成部分，具有深厚的民族文化沉淀和民间基础。酬神求雨，是傩戏古朴的内动因素和深厚的传统根源。古傩戏“大酬雷”又称“雷舞”，属南宁师公傩舞，为师公傩舞的基本传统剧目。所谓“大酬雷”，就是用大规模的人力、财力来酬谢与报答神之意。当地壮族先民把打雷这种自然现象作为雷神来崇拜，认为雷神能赐福于人间，能保一年风调雨顺、五谷丰登。

“大酬雷”的具体表演形式为：先是师公“开坛请圣”，现场设有唐、葛、周三真君祖师神位，然后由法师（文教道公）诵经请出年、月、日、时四值功曹神，分别骑着龙、凤、虎、马去天、地、湖、海请出三十六神、七十二相及八大香火到位。开坛请圣到位后，法师手执一面狼牙旗幡，上书“风调雨顺”“五谷丰登”，引出两位日、月神，随后，法师又引出东、南、西、北、中五个方位的雷神，又称为“五龙”。东方为“天宝雷神”（青龙），南方为“天真雷神”（红龙），西方为“天李雷神”（白龙），北方为“天楼雷神”（黑龙），中方为“天公雷神”（黄龙）。法师令五雷神闪电下雨，五位雷神用狂热、古朴、粗犷、刚劲、火红的舞蹈动作完整地再现了闪电、打雷、下雨等场景，展示了上山伐木、制作农具、耕田犁地、播种、插秧、耘田、施肥、收割、打谷、磨谷、做饭和喜庆丰收并盛请贵宾亲朋等情节。“大酬雷”具有原始性、娱乐性、神秘性、知识性、稀有性、多元性等特征，在南宁傩文化中占有一席之地。

“唱春牛”在扬美古镇也很盛行，且已有数百年历史。“唱春牛”以歌唱为主，辅以动作。其内容多与全年十二个月的农事有关，角色有犁田郎、插秧娘、那连婆（帮工、丑旦等），旨在表现村民春耕时团结协作、勤于农事、忙于生产的劳动精神，反映了扬美古镇人对美好生活的憧憬和追求，场面喜庆热烈。

扬美古镇的“关公诞”庆典历时三天。五月十二日一早，村里的“大法师”便在村上人群聚集的地方贴出榜文，告知村民庆典之事，以及庆典日程安排。正午时分，“师傅”（师公）们在村民的簇拥下，将关帝从庙中“请”出来，游至各户人家门前，为村人驱妖斩魔。村民则烧香鸣炮，迎接关帝的到来。一些结了婚还没生孩子的人家，在此时将席子、被子等床上用品垫在祭台下，在上面跪拜求子。到了晚上，关帝庙前灯火通明、锣鼓喧天。请来的戏班在戏台上唱演为忠义之士歌功颂德的曲目，一连几晚，每晚都要唱到深夜。

农历五月初一是扬美古镇的“老人节”。扬美古镇的“老人节”由来已久，早在明代，每逢农历的四月底，稻田耕插完，玉米也已收成，为使田地里的庄稼免遭损害，村里年满花甲的老人便聚集在一起，商议一些村民须共同遵守的规矩，决定一些要办的大事，如禁垌——在庄稼成熟期间，不准在田垌里放养鸡鸭牛羊，以免践踏损坏农作物；投垌——对各田垌田间进行招标投标，中标一方交一定款项后，便可在收割后的田垌里放养鸡鸭牛羊，所得收入由老人们统一掌管。为了感恩老人们的功德，在农历五月初，由村里拿出一些费用对老人进行犒劳或举办宴请活动，其余的则用来新建村里的公益设施，如修路、架桥、建亭等。久而久之，五月初一便成了扬美古镇老人的节日，称为“老人节”，也称“寿星节”。

每年五月初五，扬美古镇人有做香包的传统。香包是扬美古镇颇具特色的手工艺品，它用红、黄等不同颜色的绸布缝制，缝成小猴子抱西瓜、宝扇、菱角、葫芦、桃子等形状，内装艾叶，再配上彩色丝线，精制而成。当地人把香包挂在小孩子胸前，传说这样能驱邪避灾，使小孩身体健康。

每逢秋收后，扬美古镇在农历十月初十至十六日会举行“丰收会客节”，庆祝一年辛勤劳动获取的丰收成果，迎接四方宾客。“丰收会客节”期间，不但家家户户张灯结彩，各家各户大摆宴席，招待亲朋好友，村里还搭起一座座“丰收彩门”，街道坊间有板凳龙队、醒狮队、八音锣鼓车队、采莲船队、骑顶车队、扮色队、腰鼓队、花轿队等民间彩队穿梭游行。扬美村中心文化广场，搭起了“丰收乐”舞台，村民们披挂上阵，表演传统邕剧、南派粤剧以及丰收歌舞节目、扬美古乐演奏等。除文艺演出外，还有传统的“丰收花炮楼”和“香火龙庆丰年表演”，一片红红火火、载歌载舞的情景，为节庆文化增添欢乐气氛。入夜，这里的各条街巷更热闹，“庆丰收之夜灯景一条街活动”火爆开场。扬美古镇的荷塘边、柳树旁，挂满各式各样的丰收彩灯，如象征五谷丰登的莲花灯、阳桃灯，象征六畜兴旺的走马灯、兔子灯、鲤鱼灯、虾公灯、龙宫灯等，不可胜数，简直比过春节还热闹，大家一起分享丰收的喜悦心情，欢庆富裕发达的好年景。

扬美古乐也十分悦耳动听。明末清初，当时的扬美因得水路交通之便利，经济迅速发展。随着物质生活的不断改善，人们对文化娱乐生活的要求也“水涨船高”，古镇人不时请外地戏班来演出外，还自己组织戏班，唱师公、唱粤剧、唱邕剧。

因为最初的古镇人有从北方来的，也有从广东南海来的，四面八方的相聚也带来了各自喜爱的剧种、音乐，甚至还衍生出了地方特色极浓的土腔土调的民歌。“转轴拨弦三两声，未成曲调先有情”“低眉信手续续弹，说尽心中无限事”。扬美古乐独具特色，驻足听之，悦人耳目。

扬美古镇人爱听粤剧、爱唱粤剧的传统由来已久。当地的粤剧团早在 1949 年前就存在，并长期坚持开展表演活动。1997 年，扬美古镇成立了由当地农民自发组成的扬声粤剧团，发展业余演员五六十名，排演的剧目有《女驸马》《征袍还金粉》《三看亲》等经典粤剧。

扬美古镇人还培养出了属于自己本地的邕剧名伶黄少均。黄少均（1901—1946 年），女，艺名芥兰菜，出生在南宁扬美村，她生得小巧玲珑，聪明伶俐，天生一副好歌喉，14 岁投师学艺，17 岁出师。黄少均出师后，便组成 20 多人的芥兰菜戏班，被大家推选为班主。戏班开始只在当地演唱，后到左江、右江一带演唱。演出剧目有《猛虎下山》《平贵别窑》《白蛇传》《千里寻夫》《万情红莲怒》等 20 多本（折）戏，渐渐博得了名气。

之后，芥兰菜戏班沿左江、右江而下，远到吴圩、苏圩、那陈、大塘、小董、钦州、合浦、东兴等地演出，还曾两次到越南的芒街、坛下等地演出，博得盛名。戏班艺员也由原来的 20 多人发展到六七十人。艺员中的专职艺员跟随黄少均学戏，生活开销全部由黄少均负担。

黄少均自己不但能演花旦，还能演丑旦、仔脚等。凡看过她戏的人，都称赞她的表演细腻，感情真挚。她在《白蛇传》中扮演白蛇，在《平贵别窑》中扮演王宝钏。演到悲伤时，常使观众流泪不止；表演丑旦时，又引得观众哈哈大笑。扬美古镇粤剧团不仅有很深厚的传统底蕴，还有很广泛的群众基础，所以，粤剧团还常与当地旅游活动挂钩，在推动文化发展的同时，促进了地方旅游经济发展。

喜闹新春　扬美村村委会 / 供图

菩萨出游　扬美村村委会 / 供图

此外，扬美古镇还有喜闹元宵、菩萨出游、山歌花炮艺术节等节庆活动。扬美古镇人这种自娱自乐、乐观向上、人心向善的精神，使他们健康长寿。历史上，古镇里八九十岁的寿星层出不穷。目前，在世的 90 岁以上的老人，有将近 50 位。

后记

为写扬美古镇，我先后六七次来到这里。走在扬美古镇的石板路上，有时会遇见一头牛，牛拉着一辆车，车上坐着游客。但我从来没坐过牛车，只是步行。走累了，就来到状元桥附近的路边，在一处矮小的屋子里吃一碗梁肖贤阿婆做的石磨卷筒粉。

最后一次去时，梁阿婆在小屋子前卖几件小农产品，不做卷筒粉了。但我总想起那碗粉，卷筒粉圆切成方，方叠成堆，齐齐整整地码在碗里。酱料和辣椒端上来了，拌入其中，嫩嫩的粉，入口即化，清爽啊。

我还记得，曾在小屋对面的亭子里小憩过几回。亭子旁有一组雕塑，雕塑的内容是制作沙糕的过程和场景。凑上去，悠闲地坐着，紧盯着一叠沙糕，装作“垂涎欲滴”的馋样，让朋友照一张相，有意思。

真的有渔网。不止看到一两回。在大湾码头旁、三界庙前的亭子里，竖着一张高高的、长长的渔网，一位50多岁的男子正在拉开，兴许正在检查哪里有破损，补好后，说不定哪天就要在江边撒上几网呢。这样想着，大湾码头沐浴在晨曦中，在初升的阳光里碧波荡漾，迎着微风轻轻摇曳。

会聚在金马码头边的餐厅里，餐桌布置得井井有条，新鲜的蟹黄、嫩滑的鱼肉、清脆的虾仁……简单朴素的餐桌上弥漫着河鲜的香气，这香气又混合着江雾的清新和榕树树叶的芬芳，弥漫在码头之上，久久不散。码头上还有卖凉茶、豆腐花、薯条、稀饭和龟苓膏的人。

回去，沿江边走。一次次逛遍这座古村落，走过那些石街石巷，走过一路感动。触摸那些古墙古宅，感受风雨沧桑。正是这一条条老巷、一面面老墙、一座座老房，成就了扬美古镇今日之风景，昨日之风情。

每一次扬美之行，我都感觉既熟悉又陌生，每次都收获满满，心灵得到了一次次深刻的洗礼。现在的扬美古镇，稳中求进，今非昔比。几经辗转，几度轮回，还是坚守最贵。

在现代社会的快速发展中，像扬美古镇这样能够如此完好地保存风物人情和文化遗产的实属不易。这得益于政府对文化遗产保护的重视和扶持，也离不开扬美古镇人对自己文化根源的自豪和坚守。

当我们试图将扬美古镇的变化、扬美古镇人的坚守与这种地域性文明提炼出一个或数个象征性的意象，以使她在我们心中更加简单化、明确化时，我们蓦然发现，自己已经跳不出对扬美古镇气质与精神的既定印象——我们真草率，怎么可以凭短短的几面之缘、一纸简介，就孤立地对这座古镇定框画线，从而把古老的扬美古镇张扬得支离破碎，把灵动的扬美古镇解读得结结巴巴呢？

于是明白了，我们拟定的循源或规整，恐怕会损伤古村落文明的多元性与天然性。我们能做的，也只是将扬美古镇的某些故事，通过笔触，传达给更多的人，让更多的人了解这片土地上的文化和历史。

扬美古镇的辉煌，原本就是与中国所有传统古村落的灵魂与精髓同根连气、无法分割的。唯愿扬美古镇不老，唯愿老街老宅常在。爱这古镇老巷，爱这古树老井，爱这深情不语的三面环水，爱这宁静、祥和、美好的家园……

都说世事无常，车轮滚滚，磨砺的岁月煅意志，老去的年华添沧桑，历史的使命造英雄，离开的人却不知去向。

真希望时间永远忘记这里。扬美古镇，虽然美名之声远扬，却仍是余韵犹存、淡定模样。扬美人将稍整衣容，旧貌换新颜，从容再出发……

主要参考资料

1. 广西壮族自治区南宁市江南区江西镇扬美村志编纂委员会编，《扬美村志》，方志出版社，2017年。
2. 南宁市郊区地方志编纂委员会编，《南宁市郊区志》，方志出版社，2004年。
3. 刘萍，《近代中国的新式码头》，人民文学出版社，2006年。
4. 金开诚主编、宿巍编著，《牌坊》，吉林文史出版社，2010年。
5. 吕俊彪，《财富与他者：一个古镇的商品交换与族群关系》，社会科学文献出版社，2009年。
6. 吕俊彪，《想象的共同体与共同体的想象——广西临江古镇平话人族群意识的变迁》，《广西民族研究》，2009年第3期。
7. 徐杰舜，《平话人研究的现状及走向》，《广西民族学院学报（哲学社会科学版）》，2002年院庆专辑。
8. 马艳、吴良艺等，《广西江南区：用法治守护千年古镇留住古韵乡愁》，法治网，2023年10月17日。
9. 吴小凤，《明清广西商品经济史研究》，民族出版社，2005年。
10. 王春生，《阅约怀先辈　循规仰古风》，广西法治日报，2023年7月11日第B4版。
11. 李贵平，《扬美古镇：人心向美的古渡口》，《美丽乡村》，2018年第12期。
12. 罗世敏主编，《扬美古镇》，广西人民出版社，2003年。
13. 刘佐泉，《雷州半岛石狗文化探源》，《岭南文史》，2002年第4期。
14. 李连进，《南宁近郊平话方言岛》，《广西师院学报（哲学社会科学版）》，2000年第3期。
15.《南宁市江南区历史文化丛书》编委会编，《古镇扬美》，广西科学技术出版社，2015年。